亘古遗存的石板书库

西安碑林博物馆

主　编　李炳武
本册编著　王庆卫　傅清音

西安出版社

图书在版编目（CIP）数据

亘古遗存的石板书库：西安碑林博物馆 / 李炳武主编. -- 西安：西安出版社，2018.11（2021.5重印）

ISBN 978-7-5541-3423-8

Ⅰ.①亘… Ⅱ.①李… Ⅲ.①碑刻－研究－西安 Ⅳ.①K877.424

中国版本图书馆CIP数据核字（2018）第255917号

亘古遗存的石板书库
西安碑林博物馆
GENGUYICUN DE SHIBANSHUKU
XI'AN BEILIN BOWUGUAN

出 版 人：	屈炳耀
主　　编：	李炳武
本册编著：	王庆卫　傅清音
策划编辑：	李宗保　张正原
项目统筹：	张正原
责任编辑：	赵春荣
责任校对：	李亚利
责任印制：	尹　苗
出版发行：	西安出版社
社　　址：	西安市长安北路56号
电　　话：	（029）85253740
邮政编码：	710061

印　　刷：	永清县晔盛亚胶印有限公司
开　　本：	787mm×1092mm　1/16
印　　张：	13.5
字　　数：	127千
版　　次：	2018年11月第1版
印　　次：	2021年5月第2次印刷
书　　号：	ISBN 978-7-5541-3423-8
定　　价：	88.00元

如有印刷、装订问题，本社负责另换。

编委会

"丝路物语"书系（第一辑）

出版人　屈炳耀

主　编　李炳武

学术顾问　郑欣淼

策划编辑　李宗保　张正原

编委（以姓氏笔画为序）

王庆卫　王　梅　申秦雁　田　静
任新来　肖　琦　余红健　张志攀
张晓梅　陈　波　陈　亮　庞雅妮
姜　捷　魏乾涛

项目统筹　张正原

本册编著　王庆卫　傅清音

赛导游 SAIDAOYOU
www.saidaoyou.com

丝路长安
融合出版

边听边看，实地感受千年文明
Listening while viewing.
Feel the history of civilization over thousands of years

使用流程 / PROCEDURE

手机扫码安装 → 打开蓝牙耳机 → 靠近景点或展品 → 自动接收讲解

- 自动感应讲解
- 智能路线规划
- 多种语言选择
- 周边景点推送
- 安装使用简单
- 终端部署快速
- 后台管理方便
- 覆盖范围广阔

指触文化传媒（北京）有限公司

技术服务：010-64893402
全国客服：400-6353-881

序一

阅读文物 拥抱文明

郑欣淼

文物所折射出的恒久魅力，已为越来越多的人所认识。今天呈现在读者面前的这部"丝路物语"书系，就是这一魅力的具体体现。

"让收藏在博物馆里的文物、陈列在广阔大地上的遗产、书写在古籍里的文字都活起来。"（习近平语）党的十八大以来，习近平总书记担负着实现中华民族伟大复兴的历史重任，饱含着对传统文化的深厚感情，让文物活起来始终为其所关注、所思考。让文物活起来，就是深入挖掘文物的内涵，充分发挥文物的作用。中国文物是中华民族的文明印记和精神标识，是全体中国人乃至全人类的珍贵财富；它对于激发人民群众对中华优秀传统文化的了解、认同和热爱，坚定文化自信，汇聚发展力量等作用是不言而喻的。

近年来，一些优秀的文物类书籍、综艺节目、纪录片、文化创意产品等不断涌现，文化遗产元素成为国家外交的桥梁，文物逐渐成为"网红"并受到越来越多年轻人的青睐，这些都充分彰显着"让文物活起来"已逐渐从理念转化为行动，那些在历史长河中积淀下来的文物珍存正在不断走近百姓、融入时代、面向世界。

说到文物，不能不把眼光聚焦于丝绸之路。人类社会交往的渴望推动了世界文明间的相互交融和渗透，中华文明与亚、欧、非三大洲的古代文明很早就发生接触，相互影响，相互交流。直到1877年，德国地理学家李希霍芬在他的著作《中国——我的旅行成果》里首次提出了"丝绸之路"的概念。近半个世纪以来，随着丝绸之路考古发现和学术研究的不断深入，极大地开阔了人们的视野。特别是"一带一路"倡议的全面推进，丝绸之路研究更成为国际显学。在古代文明交流史上，丝绸之路无疑是极其璀璨的一笔。它承载着千年古史，编织着四方文明。也正因为丝绸之路无与伦比的历史积淀，形成了独特的历史文化遗产，其数量之大、等级之高、类型之丰富、序列之完整、影响之深远，都是世所公认的。神秘悠远的古代城址、波澜壮阔的长城关隘烽燧遗址、精美绝伦的艺术品、气势磅礴的帝王陵墓、灿若星辰的宫观寺庙、瑰丽壮美的石窟寺……数不清道不尽的文物珍宝，足以使任何参观者流连忘返，叹为观止。2014年，"丝绸之路：长安—天山廊道的路网"成功跻身《世界文化遗产名录》，使丝绸之路迎来了新的历史机遇，也对广大文化文物工作者提出了新的要求。

"让文物说话，把历史智慧告诉人们。"这是习近平总书记的谆谆嘱托。中华文化优雅如斯，如何让文物说话，飞入寻常百姓家，是当下无数文化界人士亟待攻坚的课题，亦是他们光荣的使命。客观来讲，丝绸之路方面的论著硕果累累，但从一般读者角度，特别是从当下文化与旅游结合角度着眼的作品不多,十分需要一套全面系统地介绍丝绸之路文物故事的读物。令人欣喜的是,西安出版社组织策划了这套颇具规模的"丝路物语"书系,并由李炳武先生担任主编,弥补了这一缺憾。李炳武先生曾经长期在文物文化领域工作,也主持过"中华国宝·陕西珍贵文物集成""长安学丛书"和《陕西文物旅游博览》等大型文物类图书的编纂工作,得到了业界的充分肯定;加之丛书的作者都是有专业素养的学者,从而保证了书稿的质量。

如何驾驭丝绸之路这样一个纵贯远古到当今、横贯地中海到华夏大地的话题,对于所有编写者来说,都是具有挑战性的。这套书的优点或者说特点,可以概括为以下几个方面:

这套书最大的一个优点,就是大而全。从宏观的视野,用简明的线条,对陆上丝绸之路的博物馆、大遗址进行了全景式梳理,精心遴选主要文物,这些国宝的历史、艺术和科学价值在字里行间一一呈现。

丝绸之路文化遗产类型丰富,作者在文中并没有局限于文物本身的解读,还根据文物的特点做了大量的知识拓展,包括服饰的流变,宗教的传播,马匹的驯化,葡萄等水果的东传,纸张的发明和不断改进,医学的发展,乐器、绘画、雕刻、建筑、织物、陶瓷等视觉艺术的交互影响,等等。其中既有交往的结果,也有战争的推动。总体而言,这些内容是讲述丝绸之路时所不可或缺的内容,使读者透过文物认识了丝绸之路丰富的文化内涵。

值得称道的是,这套书采取探索与普及相结合的方式,图文并茂,力求避免学究气的艰涩笔调，加入故事性、趣味性，使文字更具可读性，达到雅俗共赏的目的。通过图书这一载体，能够使读者静静地品味和欣赏这些文物，传达出对历史的沉思和感悟，完善自己对文物、丝绸之路和文化的认知。读过这套书后，相信读者都会开卷有益，收获多多，文物在我们眼中也将会是另一番面貌。

我们有幸正处于坚持以人民为中心的改革发展伟大时代，每一件文物，都维系着民族的精神，让文物活起来，定会深入人心、蔚为大观。此次李炳武先生请我写序，初颇踌躇，披卷读来，犹如一场旅行，神游历史时空之浩渺无垠，遐思华夏文化之博大精深。兼善天下，感物化人历来是每一个中国知识分子的精神所属，若序言能为一部作品锦上添花，得而为普及民众的文物保护意识起到促进作用，何乐而不为？

是为序。

· 郑欣淼 ·
原中国文化部副部长、故宫博物院原院长、中华诗词学会会长、著名历史文化学者。

序二

丝路物语话沧桑

李炳武

2013年9月，中国国家主席习近平访问哈萨克斯坦时，在纳扎尔巴耶夫大学发表演讲，首次提出共同构建"丝绸之路经济带"的宏伟倡议。2014年6月，"丝绸之路：长安—天山廊道的路网"成功跻身《世界文化遗产名录》。

丝绸之路是世界上路线最长、影响最大的文化线路。丝绸之路是指起始于古代中国的政治、经济、文化中心——古都长安（今西安）连接亚洲、非洲和欧洲的古代陆上商业贸易路线。它跨越陇山山脉，穿过河西走廊，通过玉门关和阳关，抵达新疆，沿绿洲和帕米尔高原通过中亚、西亚和北非，最终抵达非洲和欧洲，向南延伸到印度次大陆。这条伟大的道路沟通了中国、印度、希腊三大文明，它是一条东方与西方之间经济、政治、文化进行交流的主要道路，促进了欧亚大陆不同国家、不同文明之间在商贸、宗教、文化以及民族等方面的交流与融合，为人类社会的共同发展和繁荣做出了卓越贡献。

公元前138年，使者张骞受汉武帝派遣从陇西出发，出使月氏。13年中，他的足迹踏遍天山南北和中亚、西亚各地。在随后的2000多年间，无数商贾、旅人沿着张骞的足迹，穿越驼铃叮当的沙漠、炊烟袅袅的草原、飞沙走石的戈壁，来往于各国之间，带来了印度、阿拉伯、波斯和欧洲的玻璃、红酒、马匹，宗教、科技和艺术，带走了中国的丝绸、漆器、瓷器和四大发明，举世闻名的丝绸之路渐渐形成。

用"丝绸之路"来形容古代中国与西方的文明交流，最早出自德国著名地理学家李希霍芬1877年所著的《中国——我的旅行成果》一书。由于这个命名贴切写实而又富有诗意，很快得到学术界的认可，并风靡世界。

近年来，丝绸之路迎来了新的历史机遇，沿丝绸之路寻访探秘的人络绎不绝。发展丝路经济，研究丝路文明，观赏丝路文物成了新时代的社会热潮。中央文化产业发展专项资金资助项目"丝路物语"书系便应运而生。在本书和读者见面之际，作为长安学研究者、"丝路物语"书系的主编，就该书的选题范围、研究对象、编写特色及意义赘述于下：

"丝路物语"书系，以"丝绸之路：长安—天山廊道的路网"遗产及相关博物馆为选题范围。该遗产项目的线路跨度近5000千米，沿线包括了中心城镇遗迹、商贸城市、聚落遗迹、交通遗迹、宗教遗迹和关联遗迹五类代表性遗迹以及沿途丰富的特色地理环境。共计包括三个国家的33处遗产点，其中吉尔吉斯斯坦境内3处，哈萨克斯坦境内8处，中国境内22处。属丝绸之路东段的重要组成部分，在丝绸之路交通与交流体系中具有独特的起始地位和突出的代表性。它形成于公元前2世纪，兴盛于公元6至14世纪，沿用至16世纪，连接了东亚和中亚大陆上的中原地区、河西走廊、天山南北与七河地区四个地理区域，分布于今中华人民共和国、哈萨克斯坦共和国和吉尔吉斯斯坦共和国境内。沿线遗迹或壮观巍峨，或鬼斧神工，或华丽精美，见证了欧亚大陆在公元前2世纪至公元16世纪之间人类文明进步的重要阶段，以及在这段时间内多元文化并存的鲜明特色。

"丝路物语"书系，每册聚焦古丝绸之路上的一座博物馆、一处古遗址或一座石窟寺，力求立体全面地展示丝绸之路上的历史遗存、人文故事和风土人情。这是一套丝绸之路旅游观光的文化指南，从中可观赏到汉代桑蚕基地的鎏金铜蚕，饱览敦煌石窟飞天的婀娜多姿，聆听丝路古道上的声声驼铃。古丝绸之路是人类文明的宝贵遗产，记录着社会的沧桑巨变，这也是一部启封丝路文明的记忆之书。

"丝路物语"书系，以阐释文物为重点。文物是中华民族的精神标识。"要让收藏在博物馆里的文物、陈列在广阔大地上的遗产、书写在古籍里的文字都活起来。"这对于激发人民群众对中华优秀传统文化的了解、认同和热爱，坚定文化自信，汇聚发展力量不可小觑。

文物是不可再生的国之珍宝，从中可折射出人类文明的恒久魅力。对文化的认同感与归属感应当成为一种生活状态。我们从梳理丝绸之路沿线博物馆馆藏文物、石窟寺或大遗址为契机，从文化的立场阐释文物的历史意义，每篇文章涵盖了文物信息的描述、历史背景的介绍、文物价值的分享和知识链接等板块，在聚焦视角上兼顾学术作品的思想层与通俗作品的故事层双重属性，清晰地再现文物从物质性到精神性的深层转变，着力探讨文物作为一种精神力量对历史的思考。用时空线索描绘丝绸之路的卓越风华，为读者梳理丝绸之路的文化影响，以文物揭示历史规律，彰显更深层、更本质的文化自信，激发读者的民族自豪感。"丝路物语"书系以文物为研究对象，从中甄选国宝菁华，讲述它们的前世今生。试图让读者从中感受始皇地下军团的烈烈秦风，惊叹西汉马踏匈奴的雄浑奔放，仰慕大唐《阙楼仪仗图》的盛世恢宏，这是一部积淀文化自信的启智之作。

"丝路物语"书系，以互动可读为特色。在大众传媒多元数字化的背景下，综合运用现代科技的引进更能推动文化传播的演变进入一个崭新的领域，相契于文字的解读，更透出传统文化的深邃意蕴。为多维度营造文化解读的可能性，吸引更多公众喜欢文物、阅读文物，"丝路物语"可谓设计精良，处处体现出反复构思、创新的态度。设计重点关注视觉交流的层面，借助丰富的图像资料和多媒体技术大幅强化传统文化元素可视、可听、可观的直接特征，有效提升文化遗产多维度的观感效果。古人著书立说重字画兼备，"宣物莫大于言，存形莫善于画"，所以由"图书"一词合称。本书系选用了大量专业文物图片，整体、局部、多角度展示，让读者在阅读文字之余通过精美的图片感受文化的震撼与感动，让读者更好地认知历史、感知经典，体验当代创新之趣。

"丝路物语"书系，以弘扬互利共赢的丝路精神为使命。"丝绸之路：长安—天山廊道的路网"在东亚古老的华夏文明中心和中亚历史悠久的区域性文明中心之间建立起长距离的交通联系,在游牧与定居、东亚与中亚等文明交流中具有重要意义,并见证了古代亚欧大陆人类文明与文化发展的主要脉络及若干重要历史阶段以及突出的多元文化特征,是人类进行长距离交通、商贸、文化、宗教、技术以及民族等方面长期交流与融合的文化线路杰出范例。

2000多年前,我们的先辈筚路蓝缕,穿越草原沙漠,开辟出联通亚欧非的陆上丝绸之路。这不仅是一条通商易货之道,更是一条文化交流之路。沿着古丝绸之路,中国将丝绸、瓷器、漆器、铁器传到西方,也为中国带来了胡椒、亚麻、香料、葡萄、石榴。沿着古丝绸之路,佛教、伊斯兰教及阿拉伯的天文、历法、医药传入中国,中国的四大发明、养蚕技术也由此传向世界。更为重要的是,商品和文化交流带来了观念创新。比如,佛教源自印度,却在中国发扬光大,在东南亚得到传承。儒家文化起源于中国,却受到欧洲莱布尼茨、伏尔泰等思想家的推崇。这是交流的魅力,互鉴的成果。这些各国不同的异质文化,犹如新鲜血液注入华夏文化肌体,使脉搏跳动更为雄健有力。古丝绸之路绵亘万里,延续千年,积淀了以和平合作、开放包容、互学互鉴、互利共赢为核心的丝路精神。

新时代、新丝路、新长安。2017年,习近平主席在"'一带一路'国际合作高峰论坛"上指出:古丝绸之路是人类文明的宝贵遗产。为让这些遗产、文物鲜活起来,西安出版社策划出版的"丝路物语"书系,承载着别样的期许与厚望,旨在以丝绸之路的隽永品格对话当代社会的文化建构，以高度的文化自觉唤醒当代社会的文化自信。

我们作为丝绸之路起点长安的文化工作者，更应该饱含对传统文化的深厚感情，自觉担负起实现中华民族伟大复兴的历史重任，充分运用长安学的最新研究成果，为保护、研究和传承人类文明的宝贵遗产尽心尽力，助推"一带一路"伟大事业的蓬勃发展。

精品力作是出版社的立身之本，亦是文化工作者的社会担当。"丝路物语"书系的出版，凝聚着众多写作和编辑人员的思考与汗水。借此，特别感谢郑欣淼部长的热情赐序；感谢策划人、西安出版社社长屈炳耀先生的睿智选题与热情相邀；感谢相关遗址、博物馆领导的支持和富有专业素养的学者和摄影人员的精心创作；更要感谢西安出版社副总编辑李宗保和编辑张正原认真负责、卓有成效的工作。

"丝路物语"书系的出版虽为刍荛之议、管窥之见，但西安出版社聆听时代声音、承担时代使命以及致力于激活文化遗产、传播中国声音的决心定将引领其走向更远的未来。

是为序。

·李炳武·
陕西省文物局原副局长、陕西省文史馆原馆长、"长安学"创始人、陕西师范大学国际长安学研究院首任院长、三秦文化研究会会长、长安学研究中心主任、著名历史文化学者。

丝路物语

西安碑林博物馆

101 独孤浑贞墓志　鲜卑族后裔的独孤浑氏

095 晖福寺碑　独具一格的奇特魏碑

088 司马芳碑　胡汉民族融合的见证

082 赫连子悦墓志　大夏国主赫连勃勃后裔

076 大夏石马　赫连王朝的背影

070 玄秘塔碑　最具神韵的柳书碑刻

063 开成石经　最完整的石质儒家典籍

057 廖有方墓志　中唐交州著名诗人

0　唐玄宗亲自注解并书写孝经　来自大唐皇家的供奉

194 天王像　一路东行的神祇

189 十一面观音像　观音菩萨的微笑

184 梵汉合文陀罗尼经幢　灭罪度亡的祈愿

178 不空和尚碑　密宗创始人的传奇一生

172 释迦牟尼降伏外道造像　引人注目的唐代造像

167 燃灯石台　祈福功德的纪念碑

目录

001 开篇词

002 曹全碑
汉石至宝 汉隶神品

008 吕他墓表
十六国时期存世碑刻

012 鸳鸯七志斋藏石
于右任捐献石刻

019 窦师纶墓志
"陵阳公样"设计工艺家

024 集王羲之圣教序碑
"书圣"书法的丰碑

030 大秦景教流行中国碑
景教入传中土的见证

037 武思元墓志
武则天堂兄墓志

043 道因法师碑

104 唐献陵石犀
来自南亚的异物

109 昭陵六骏
唐太宗的亲密战友

115 阿史那婆罗门墓志
来自东突厥汗国的大唐刺史

120 高铙苗墓志
初唐入华的高句丽遗民

125 苏谅妻马氏墓志
大唐与波斯文化关系的物证

129 米继芬墓志
米国贵族在长安的质子生涯

134 交脚弥勒造像
佛陀的辫子

140 茹氏一百人造像碑
混合信仰中的袄教

146 北周五佛

开篇词

丝路物语

西安碑林博物馆

丰碑如林，弘扬历史文化蜚声海内外；青石不朽，传承华夏精神盛名近千载。西安碑林，被誉为中国最大的石质图书馆和中国书法艺术的宝库。走进西安碑林，源远流长、博大精深的传统文化撷英集萃：巍巍碑石星罗棋布，闻名遐迩的书法名碑连缀其间，篆隶真草诸体兼备、异彩纷呈；石刻珍品贝联珠贯，陵墓石雕古朴质实，宗教造像巧夺天工。自周秦汉唐迄宋元明清的盛世气象、中华风度纤悉无遗。想感受开放和谐、积极进取的文化魅力，想欣赏丰富多彩、璀璨夺目的民族瑰宝，想领略匠心独运、曲尽其妙的雕刻艺术，尽在西安碑林。

曹全碑

汉石至宝　汉隶神品

东汉（25—220）

高260厘米，宽88厘米
明万历年间出土于陕西省合阳县

《曹全碑》立于东汉中平二年（185）十月二十一日，全称《汉郃阳令曹全碑》，又名《曹景完碑》，是中国东汉时期重要的碑刻之一。碑呈竖方形，无额，石质坚细。碑身两面刻字，均为隶书。碑阳20行，满行45字；碑阴分5行，每行列数字数不等，刻门下故吏姓名及捐资数目。撰书者不详。明万历初年，此碑出土于陕西郃阳县（今陕西合阳县）萃里村，曾存合阳孔庙。相传在明代末年，碑石断裂，人们通常所见到的多是断裂后的拓本。1956年移置陕西省博物馆，现陈列于西安碑林第三展室东侧第一排，属国宝级文物。

《曹全碑》拓片

●《曹全碑》（局部）

　　《曹全碑》是曹全的下属门下吏王敞、录事王毕、主簿王历、户曹秦尚、功曹史王颢等人，为了宣扬曹全的德政，共同刻石以纪功。记述了郃阳县令曹全的家世、生平德政及张角领导的黄巾起义的情况，具有很高的史料价值。曹全，字景完，敦煌效谷人。曹全的高祖曹敏、曾祖曹述、祖父曹凤都曾为孝廉，他自己也在东汉建宁二年（169）被举为孝廉。据碑文记载，曹全的父亲曹琫早世，童年时期的曹全刻苦学习、博览群书。也许得益于

《曹全碑》全貌

祖辈贤孝品性的传承，曹全也颇具孝心，他收养季祖母，虔心供奉继母，乡人做谚语传诵他的美德，称他悉心照顾赡养老人，其乐融融。

从政伊始，曹全就开始显现他清廉正直的才能，他曾任上计掾史、凉州治中、别驾等职，所到之处，纲纪鲜明，同僚都钦服他的品德，四方都惮慑他的威名。东汉建宁二年（169），曹全举孝廉，除郎中，拜西域戊部司马。当时的疏勒王和德，弑父篡位，不履行职贡，曹全奉命征讨。他担任将领期间，能够像武功卓著的吴起那样亲自为士兵吸吮毒疮脓液，同欢共饮，在攻城野战中谋如泉涌，身先士卒，和德于是面缚投降受死。曹全率军凯旋，诸国遣使送礼，他全部交公。后来，曹全迁右扶风槐里令，因为胞弟病故，所以辞官归家。随后因为党锢之祸牵连，曹全潜隐七年，直到东汉光和六年（183），曹全又举孝廉，光和七年（184）三月，除郎中，拜酒泉禄福长。当时爆发了黄巾起义，在幽州、冀州起兵，兖州、豫州、荆州、扬州都同时响应，本县的郭家也参与了这次反叛，他们烧毁城中官舍，人不自安，曹全就在此时被授予郃阳令，讨伐叛军，平定叛乱。曹全在担任郃阳令期间，体恤百姓，抚育鳏寡，用家里的财物购买米粟救济穷人，他的大女儿桃斐，自制七首药神明膏，并和部吏王皋、程横等亲自到驿亭为病人疗伤。曹全的惠政美名远播，速度比邮差送信还快。百姓们纷纷返回故里，对曹全感恩戴德。

此碑为汉碑中极负盛誉者。其用笔方圆兼备，而以圆笔为主，内刚外柔，圆劲秀润，带有浓厚的篆书笔意；逆入平出，笔势稳健。结构特点主要表现为疏朗平整，舒展奔放，结字扁平匀整，横向取势，又因字赋形，间有纵、方结体；章法上字疏行密，分布自然，秀丽典雅，风致翩翩，美妙多姿，是汉隶成熟期飘逸秀丽一路书法的典型代表。

《曹全碑》不仅字写得美，而且石质坚润，刻工精良，对后世影响很大，临习者甚多。郭宗昌跋云："譬之书，《礼器》则《季直表》，此则《兰亭序》。"赵崡称："碑文隶书遒古，不减《史晨》《礼器》等碑。"孙退谷《庚子消夏记》谓："字法遒秀，逸致翩翩，与《礼器碑》前后辉映，汉石中之至宝也。"清万经评此碑曰："秀美生动，不束缚，不驰骤，洵神品也。"

启功先生对此碑更是赞赏有加，曾经不止一次题跋鉴评。1977年，启功先生在明拓《曹全碑》跋中写道："《曹全碑》不仅刊刻精善，字势亦实开张。试为放大观之,竟与《孔宙》相伯仲,而点画顿挫,且有《孔宙》所不及处。徒以字小而刻精,遂有以簪花格嘲之者,讵非求全之毁乎。"

孔庙三碑

《乙瑛碑》《礼器碑》和《史晨碑》是关于孔庙的奏文、事迹的碑刻,刻于东汉桓帝、灵帝时期,现藏山东曲阜孔庙,被称为"孔庙三碑"。《乙瑛碑》全称《汉鲁相乙瑛请置孔庙百石卒史碑》,又称《孔庙置守庙百石卒孔龢碑》,刻于东汉桓帝元嘉三年(153),碑文记述了司徒吴雄、司空赵戒以前鲁相乙瑛之言,上书请于孔庙置百石卒史一人,执掌礼器祭祀之事;《礼器碑》全称《汉鲁相韩敕造孔庙礼器碑》,刻立于东汉永寿二年(156),记述鲁相韩敕修饰孔庙、制造礼器之事;《史晨碑》,又名《史晨前后碑》,是为了记述史晨祭祀孔庙而立,前碑全称《鲁相史晨祀孔子庙碑》,刻于东汉灵帝建宁二年(169)三月,碑文记载鲁相史晨关于祭祀孔子的奏章,后碑全称《鲁相史晨飨孔子庙碑》,刻于东汉灵帝建宁元年(168)四月。

吕他墓表
十六国时期存世碑刻

后秦（384—417）

高65厘米，宽34厘米
20世纪70年代出土于陕西省咸阳市

《吕他墓表》刻于后秦弘始四年（402），20世纪70年代在陕西咸阳市渭城区密店镇东北原畔因农民取土时发现的，出土地北距汉高祖长陵约1公里，在汉长安城遗址的正北方向。1997年入藏西安碑林。《吕他墓表》圆首方座，表身与座有榫臼相套。墓表额题横书"墓表"二字，正文5行，行7字，共计35字，隶书。墓表是墓志形成过程中的一种早期形态，因为魏晋时期严禁厚葬立碑，原来立于地面的墓碑便加以小型化，转而立于圹中。

● 《吕他墓表》

《吕他墓表》正文起首直书吕他的葬年："弘始四年十二月朔廿七日辛酉"，即公元403年2月4日。次述吕他职衔为"秦故幽州刺史"，其地在河北北部和辽宁南部地区，应是曾经统一了北方的前秦所授官职。文末记吕他的葬地："常安北陵"。关于"常安"的称法，中国历史上曾经两度将"长安"更名为"常安"：第一次是王莽代汉，第二次是后秦姚苌时期，时间都很短暂，吕他葬于后秦弘始四年，所以称长安为常安。

吕他出身于甘肃略阳（今甘肃天水）吕氏的氏族望族，是后凉的开国者吕光的弟弟,他的父亲吕婆楼曾辅佐苻坚夺取前秦帝位。从两汉时期开始,匈奴、氐、羌等少数民族便不断从北、自西向关中地区迁徙,逐步形成了汉族与少数民族杂处的局面。西汉中期,氐人开始进入关中西部边缘的汧(qiān)、陇之间。略阳吕氏与苻、樊、杨、齐、石、梁诸姓,同为氐族之崇望。西晋永嘉之乱,北方限于战乱,在鲜卑族建立的北魏统一北方之前的一个世纪里,各少数民族纷纷建立割据政权,这就是十六国时期。其中,建立前秦政权的就是氐族。吕他的父亲吕婆楼曾经与王猛等辅佐前秦的统治者苻坚夺取王位,官至司隶校尉、太尉。前秦建元十八年(382),苻坚命吕婆楼之子、吕他之兄吕光统领十万兵、五千铁骑出征西域。建元二十年(384),吕光在龟兹城下大破狯胡等三十余国之兵,西域诸国皆降,苻坚任命吕光为西域校尉。建元二十一年(385),吕光从龟兹东还,凉州刺史梁熙派兵在酒泉围阻他,吕光大败梁熙后入姑臧城(今甘肃武威),自立为凉州刺史。其后,西燕慕容冲攻陷长安,苻坚出逃为姚苌所杀,得知消息的吕光自封大将军、凉州牧、酒泉公。姚苌建立后秦的建初四年(389),吕光自称三河王,建元麟嘉,都姑臧。麟嘉八年(396),吕光又即天王位,改元龙飞,国号大凉。其后,吕光之子吕绍、吕光庶长子吕纂、吕光弟吕宝之子吕隆分别即位,吕他就是在吕隆在位不久,后秦派遣姚硕德攻伐后凉时率众二万五千投降后秦的。

  颇有历史意味的是,《吕他墓表》与清光绪年间在西安附近出土的一件《吕宪墓表》有着惊人的相似之处。《吕宪墓表》现存于日本东京书道博物馆，两方墓表形制相同，亦额题"墓表"，内容除了名字和职衔外，其余完全一样，书体风格也相同，似乎为同一人所书，只是《吕他墓表》为 5 行 35 字，《吕宪墓表》为 6 行 35 字。由于当年《吕宪墓表》没有明确的出土地，曾经有人对它的真实性提出质疑。《吕他墓表》的出土，证实了《吕宪墓表》的真实性，其出土地也应该在咸阳市密店镇东北。吕他和吕宪同年同月同日葬于同地，表明二人很可能是同时死亡的。如此巧合，则可以推测二人应属非正常死亡。据学者考证，吕宪妻苻氏与吕宪一同自杀，吕宪和吕他的非正常死亡或许是后秦姚兴对存在潜在威胁的吕氏宗族成员的政治手段。

十六国时期存世的石刻文字非常少，前秦的《邓太尉碑》《广武将军碑》，北凉的《沮渠安固造像碑》，以及这件《吕他墓表》和已经流落日本的后秦《吕宪墓表》，可以让后人稍稍窥见十六国时期的书法面貌。十六国时期也是汉字书体演变的重要历史阶段，这一时期的铭刻文字仍然是隶书。如《邓太尉碑》，其翻挑明确、结体平整，基本保持了魏晋隶书的形态特征。再如《广武将军碑》，其笔画浑朴、结构拙厚，浑然天成。《吕他墓表》的书法在楷隶之间，显得宽绰挺劲、稚拙朴质，且没有刻意追求蚕头燕尾、波挑分明的隶书规范，实属于不经意间寓楷于隶。另外，这件后秦的《吕他墓表》是陕西地区出土的时代较早、葬地明确的少数民族贵族志石，为认识十六国时期的书法及早期墓志的形态增加了不可多得的实物证据，因而特别受到珍视。

鸳鸯七志斋藏石
于右任捐献石刻

汉—宋（前206 — 1279）
于右任捐献石刻

在西安碑林，巍巍碑石星罗棋布，闻名遐迩的书法名碑连缀其间，篆隶真草诸体兼备、异彩纷呈；石刻珍品贝联珠贯，陵墓石雕古朴质实，宗教造像巧夺天工。在这之间，有一批珍贵的石刻墓志被称为"鸳鸯七志斋藏石"，它们在撷英集萃的如林丰碑中独树一帜，别具意义。"鸳鸯七志斋藏石"是于右任先生在民国期间搜集的汉至宋代石刻墓志的总称，其中大多数是北朝墓志，因为包括七对夫妇的墓志，所以于右任为自己的斋室取名"鸳鸯七志斋"，其藏石便称为"鸳鸯七志斋藏石"。

魏故使持节镇军将军仪同三司都督秦雍州诸军事雍州刺史荼惠元公之墓志铭

公讳诱字惠兴河南洛阳人也世载配天之功家承祧祖之业洪
源邈于积石层峰峻于爾灵之所祥于负嶋初吕王子
公降灵昷气风云珠异表鲜鲤田渔崖
毂替之间擒弋天人之际犹临刃古魏想
知名妙选宫佐转侍郎在通直朝拜青瑂
献爾中庶子倚耳目非崇盛烈时燕子对扬三善乃除太子舍人一人
仍迁夫属连率之任实 俟侯例也授武都公持节接彼中令舍太子縣
荷戈万里出夷闈裹帷咸革良威今上卽图举为都督南秦州四民蒙社稷
刺史乘传袭月歌溢境内刊其举官执政百姓之悲寂罢市酷
不待碁月三合密谋方相知忠贶兹兄息肩四民贶社稷鼓
曰正伇义节於鄙诸軍事雍勤秋世相知政昌其不遂盗踀盪
之慕同礼也 兴复完取岐州諸軍贈使持节都昌縣侯谧曰恭
军仪同三司都督秦二州都督泰雍二州刺史镇玄石窆於
惠邈元年九月丙申歲次己十一月壬寅朔世甸勤玄石
西陵怨旋葢难之易平段 清尘於晪往
其词曰粤苦元年岁次已十
於禋君公魏之宗重结庆挺生含章卓出栖息琴攸连道术若
彼春芳同兹秋实襞纁展秦步轩堰化成鸿羽爱结龙姿情切风
储禁绸宴私诽谏有隐探顾无遗乃游卿归神大壶宽雖远芳
龙泽与云舒将隆国社驷马高車忽降逯祸稠寝松年茂雖遠芳
彩终浓从熙杳墙柳铿鍔鼔钟风橝宿草霧舂

《元诱墓志》

《元诱妻薛伯徽墓志》

《元诱妻冯氏墓志》

于右任（1879—1964），陕西三原人，国民党元老，近代书法大家。原名伯循，字右任，晚年自号"太平老人"。七岁入学启蒙，后相继在三原宏道书院、泾阳味经书院、西安关中书院就读。1904年，因其诗作有讥议时政、倡导革命的内容，被清廷严令通缉，遂亡命上海，更名入震旦学院读书。次年在上海参加筹办震旦公学、中国公学，并任两校教职。于右任早年留学日本时，曾加入中国同盟会。回上海后创办《神州日报》，自任社长。1912年南京成立临时政府时，他出任南京临时政府交通部长。1918年，组建陕西靖国军，率师讨伐。1922年曾与邵力子等参与创办上海大学，并任校长。其后长期担任国民政府监察院院长。1949年到台湾。1964年在台北病逝。

于右任不仅是中国近现代政治舞台上的著名人物，在教育、文化、诗歌等方面亦多有建树，曾辑有《半哭半笑楼诗草》《右任诗存笺》等，有近百首诗歌流传于世，他临终前写下的"葬我于高山之上兮，望我大陆；大陆不可见兮，只有痛哭"的诗句，表达了对家乡的深切眷恋之情。于右任最具影响力的当属其书法艺术。于右任早期曾学赵孟頫，后钟爱魏碑，他在诗歌《十九年一月十日夜不寐，读诗集联》中写道："朝写石门铭，暮临二十品。竟夜集诗联，不知泪湿枕。"他刻苦研习北朝碑版，立足魏碑，博采众长，将汉隶、章草与简牍融合，练就遒劲笔力，形成了气势恢宏又古朴醇厚的独特风格，被称为"于体"。于右任晚年时的书法更臻成熟，达到了炉火纯青的境界。他还创立了"标准草书"，使草书标准化，

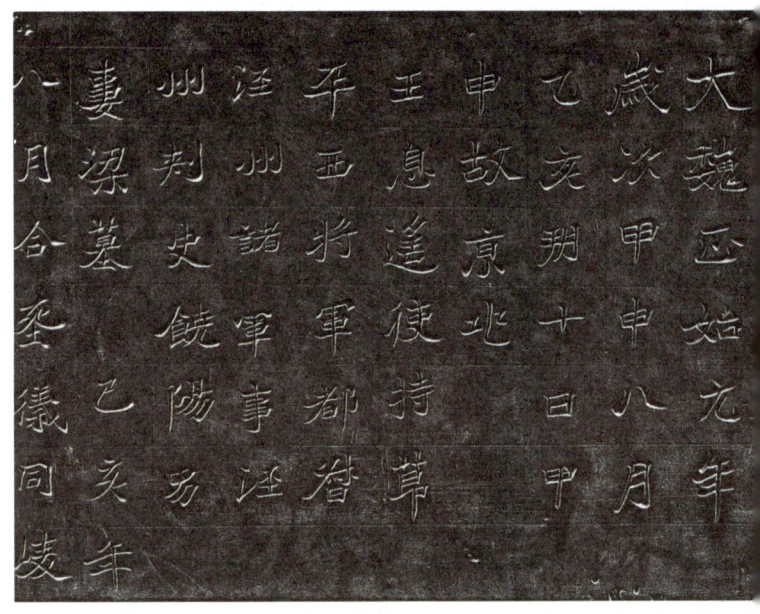

● 《元遥妻梁氏墓志》

他是 20 世纪书法史上成就卓著的书法大师。

于右任在护法运动期间，曾任陕西靖国军总司令，河南张钫（字伯英）任副总司令。两人私谊甚笃，且都酷爱金石碑刻。于右任珍爱魏碑，多方搜集，他和张钫互有默契，凡得北朝墓志归于右任，若得唐代墓志归张钫。张钫收藏的唐墓志多达 1209 种，藏石现存河南新安县铁门镇张氏故里，将墓志嵌于窑壁，取名"千唐志斋"，其后更名为"千唐志斋博物馆"。于右任则以他收藏的北朝墓志中有七对夫妇墓志，给自己的斋室取名"鸳鸯七志斋"，其藏石便称为"鸳鸯七志斋藏石"。

20 世纪 20 年代，于右任准备将"鸳鸯七志斋藏石"运回陕西家乡。因陇海铁路尚未通达西安，于右任先将其中的 191 方墓志运到北平，置于西直门内菊儿胡同里一座旧王府的后院内，后又将其中的 116 方墓志运至南京，其余 89 方仍存放于洛阳。1935 年，中日关系紧张，平津地区直接

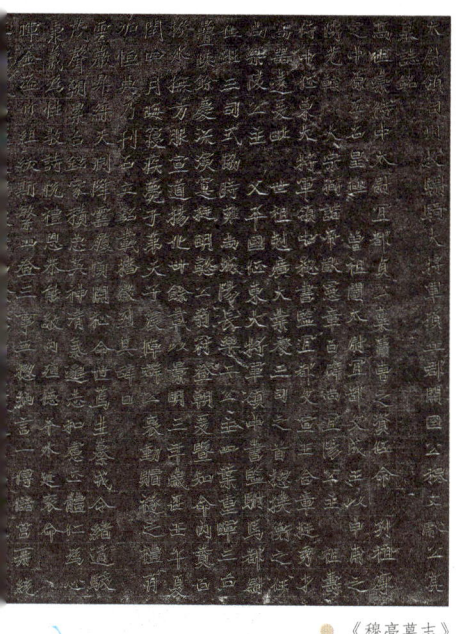
《穆亮墓志》

《穆亮妻尉太妃墓志》

受到威胁，为避免这批珍贵的墓志落入日军之手，10月11日，于右任致电陕西省政府主席邵力子先生、陕西绥靖公署主任杨虎城将军，决定将这批珍贵的墓志送归公有。邵力子、杨虎城立即委派马文彦夫北平联系，负责转运墓志。马文彦在宋哲元将军的协助下，将藏石用火车运到郑州再转轨陇海线，终于在1936年2月，将存于北京西直门内菊儿胡同的191方墓志运回西安，由陕西省教育厅厅长周学昌委派张立言、朱钦武清点，当时的陕西省政府立即表示予以接收。1936年4月，马文彦又将存于南京和洛阳的205方墓志运回西安，存于孔庙内。至此，"鸳鸯七志斋藏石"全部运回西安。于右任将这批藏石捐归公有，只保留其拓售之权利，为三原民治小学之经费。1952年，西安碑林调整陈列时，将这批墓志中代表性的精品挑选56方，重新镶嵌在碑林第二展室与第三展室之间的廊壁上，展示给八方来客。

"鸳鸯七志斋藏石"绝大多数出土于河南洛阳，极少数出土于安阳等地，藏石的数目，根据于右任捐赠给西安碑林石刻墓志的实际数目统计，共318种387石（含墓志盖），计有汉《熹平石经》及黄肠石6种、晋墓志4种、北魏墓志136种、东魏墓志7种、北齐墓志8种、北周墓志5种、隋墓志113种、唐墓志35种、后梁墓志1种、宋墓志3种。此前的西安碑林碑石较多，而收藏的墓志较少，"鸳鸯七志斋藏石"增加了碑林藏石的品类和数量，而且这批藏石以北魏至隋唐为主，对研究这些朝代的政治、军事、经济、文化、民族发展等具有极高的史料价值，它又是古代书法艺术中的瑰宝，书法艺术价值亦令人叹为观止。正如于右任先生所说："每览志文，于征伐、官制诸端，可补前史之疏漏，于氏（民）族可考南北播迁之原委，于文辞可增列代骈散之别录，于书法可知隶楷递变之途径。"

● "鸳鸯七志斋藏石"部分陈列

"鸳鸯七志斋藏石"中的七对夫妇墓志，应是北魏七对夫妻墓志，即北魏穆亮及妻尉太妃墓志、元遥及妻梁氏墓志、元珽及妻穆玉容墓志、元谭及妻司马氏墓志、元诱及妻冯氏和薛伯徽墓志、丘哲及妻鲜于仲儿墓志、元鉴及妃吐谷浑氏墓志。

窦师纶墓志
"陵阳公样"设计工艺家

唐（618—907）

边长60厘米
2008年出土于陕西省咸阳市

历史上多少文人墨士、能工巧匠在漫漫长河中都只是沧海一粟，唯有作品留其名。《窦师纶墓志》于2012年10月12日入藏西安碑林博物馆，志主窦师纶是初唐丝织工艺家、著名画家，他创造出了中国丝绸艺术史上著名的"陵阳公样"，流传后世。

《窦师纶墓志》志盖志题7行，篆书为"大唐秦府咨议太府少卿银邛坊三州刺史上柱国陵阳郡开国公窦府君墓志铭"。志石40行，满行45字，正书，有方界格。墓志盖的四杀和四侧、志石的四侧均刻有团花图案。

窦师纶出自扶风窦氏，生于隋开皇十三年（593），唐咸亨二年（671）时与世长辞。其先祖出自鲜卑纥豆陵氏。后来，纥豆陵氏随北魏迁代，孝文帝时改为汉姓窦。扶风窦氏，在中古世家大族中占据着重要的地位。窦师纶的曾祖，史传中记载他的名字是窦善，墓志记为窦温善，窦师纶的祖父叫窦荣定，娶隋文帝杨坚的姐姐安成长公主，生下了窦师纶的父亲窦抗，他在隋唐史上颇为著名。窦氏家族在隋唐两代均为外戚，窦师纶的祖母为杨坚的姐姐安成长公主，窦抗与高祖李渊太穆皇后窦氏为从兄妹，虽然窦抗因事被隋炀帝罢官，但是窦氏家族与皇室互为姻亲，窦氏在隋代的地位亦不是一般家族所能比拟的。窦抗从小就是李渊的至交，窦师纶的哥哥窦诞娶唐高祖女儿襄阳公主为妻，故后世称："窦氏自武德至今，再为外戚，尚主者八人，女为王妃六人，唐世贵盛，莫与为比。"

窦师纶所在的窦氏家族，在文物营造方面有"性巧绝"的家族传统：窦师纶从曾祖窦炽在北周时担任过京洛营作大监；窦炽子窦威博物，多识旧仪；窦师纶父窦抗，长于巧思，唐武德元年（618）拜将作大匠；窦抗幼弟窦琎，贞观初为将作大匠，修缮洛阳宫至崇饰雕丽的程度。在这种家族传统的熏陶下，窦师纶在文物器制设计方面的"性巧绝"，亦不足为奇了。

由于窦师纶的技术特长，加之高祖李渊的疼爱，以及可能还有叔父的有意提携，唐武德四年（621），窦师纶被任命为益州大使，制造舆服器械。在此期间，窦师纶在益州创造出了中国丝绸艺术史上著名的"陵阳公样"，一直为后世所流传。

唐代宫廷和上层阶级酷爱华美的风气反映到蜀锦图案中，出现了许多造型完美、章彩绮丽的锦样。其中以窦师纶创制的锦绫新花样最为著名，有对雉、斗羊、翔凤、盘龙、麒麟、狮子等对禽对兽的纹样，被称为"陵阳公样"。从历年考古发现的唐代出土丝织品来看，雉有可能是一种长尾

《窦师纶墓志》志盖拓片

●《窦师纶墓志》拓片

的鸟，羊则有可能是弯角的山羊，凤则在走动和飞动之间，麒麟应该是面对面地站立的形态。另外，"陵阳公样"被用于输往内库的瑞锦和宫绫，一定是极为华贵的。"陵阳公样"对唐代及唐以后的织锦图案影响十分深远。

"陵阳公样"是在四川设计的，但其使用的范围却不仅仅限制于四川，而主要是供往长安。后来这种样式被固定下来，传播到全国各地，张彦远说是创自窦师纶，因此"陵阳公样"至少从武德到大中年间前后沿续了两百余年。

"陵阳公样"对于唐代丝绸艺术史影响深远，创立之后很快就被各地贡品所模仿，窦师纶在益州时的主要任务是为新建立的唐王朝制造舆服器械，所以"陵阳公样"虽然主要用于服用方面，但肯定也会影响到宫廷的其他工艺品制造当中。

"陵阳公样"在吐鲁番、都兰、敦煌、日本正仓院均有实例，如敦煌藏经洞发现的团窠葡萄立凤"吉"字锦、都兰出土的中窠宝花立凤锦、吐鲁番发现的中窠蕾花立鸟纹印花绢等。

集王羲之圣教序碑

"书圣"书法的丰碑

唐（618—907）

高350厘米，宽108厘米

始立于长安城修德坊弘福寺，北宋前期移入孔庙（即今西安碑林）

历代书家推崇的"天下第一行书"《兰亭序》出自"书圣"王羲之手笔，他对真书、草、行诸体书法造诣都很深。然而《兰亭序》的真本，已经密封于唐太宗的昭陵，今天看到的主要是唐太宗近臣的摹本。在撷英集萃的西安碑林，也有一块集合王羲之书法的丰碑，可以领略"书圣"书法的风采，那就是刻于唐咸亨三年（672）十二月八日的《集王羲之圣教序碑》，又称"集王圣教序""集字圣教序""王圣教""怀仁圣教序"等，此碑中的不少字都出自《兰亭序》。此碑螭首方座，碑文标题"大唐三藏圣教序"，

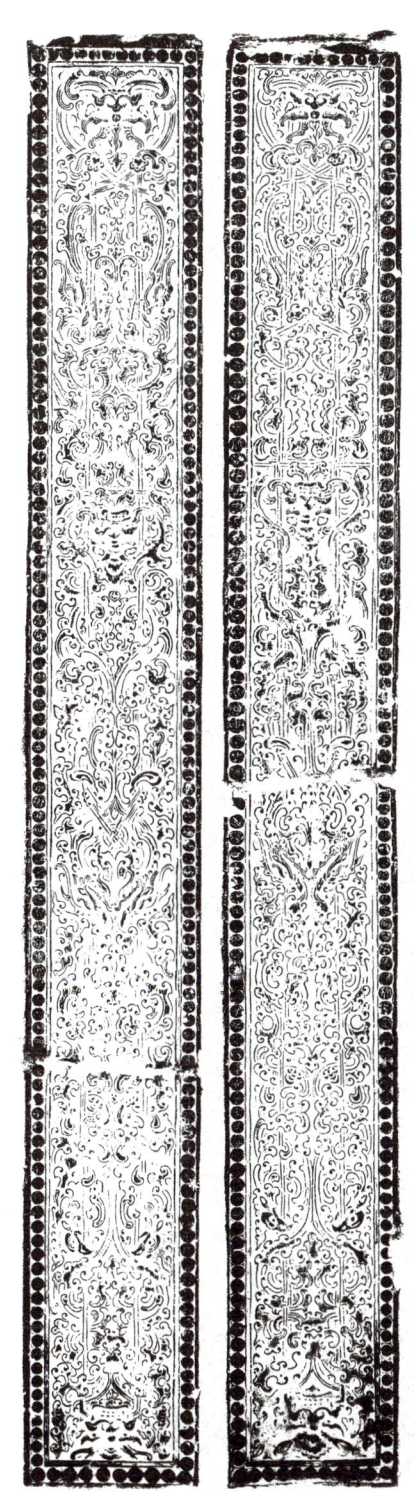

《集王圣教序碑》碑座拓片

碑文30行，行书，满行83～88字不等。碑座线刻蔓草瑞兽图案，碑侧浅雕云龙蔓草联珠纹样，碑额上雕刻龙纹，周边饰以云纹，还刻有七尊装饰华丽、构思精妙的佛头造像，故又称"七佛圣教序"。碑文内容包括唐太宗李世民为玄奘译经所作的序、太子李治所作的序记以及玄奘写的谢表和所译的《般若波罗蜜多心经》，"圣教"本指儒教，隋唐以来，佛教也自称圣教。此碑历来有"三绝碑"和"千金碑"的美誉。"一绝"是唐太宗李世民亲自为玄奘译经撰写《大唐三藏圣教序》；"二绝"是指当时身为太子的李治，也就是后来的唐高宗撰写《大唐皇帝述三藏圣教序记》；"三绝"是指此碑灵动飘逸的行书出自"书圣"王羲之。另一方面，因为收集王羲之遗墨的过程漫漫，甚至重金求取，有如"千金"之重。此碑始立于长安城

《集王圣教序碑》拓片

修德坊弘福寺，后一度徙于安定坊千福寺，北宋前期移入当时的孔庙即今西安碑林，碑身在金代末年时斜向断裂，个别字有缺损，传世以未断宋拓本为佳。

玄奘是唐代著名高僧，法相宗创始人，佛经翻译家、旅行家。俗姓陈，名祎。洛州缑氏（今河南偃师）人。贞观元年（627），玄奘从长安出发，西行印度取经。贞观十九年（645）二月，玄奘携657部梵本佛典回到长安，唐太宗见之甚喜。贞观十九年九月六日，玄奘奉命组织翻经译场，首先在弘福寺翻经院进行，其后在大慈恩寺。贞观二十年（646）七月，玄奘奉诏在弘福寺翻译完成佛经5部58卷，遂上表请唐太宗作经论序文并题经表，为褒扬玄奘的宏大法业且给予圣教坚实的护持，唐太宗李世民亲自撰写了《大唐三藏圣教序》并敕贯众经之首。碑文的第二行到第十一行为唐太宗的序，开篇阐释佛法深邃、普救众生，然而平庸鄙陋者对于庄重神奇的佛法颇感疑惑，真教又难以流传，大乘佛教和小乘佛教交替流传。紧接着对修习佛法的领袖人物玄奘法师给予高度评价，称其自幼聪慧敏行，因为感慨佛教精深理论的讹谬，下决心分析梳理、截伪续真，使经文典籍发扬光大，于是他抱着虔诚的信仰，不远万里，周游西域，十七年间克服了无数凶险，聆听高僧传教，探求高妙佛法，取回657部佛经传播大唐，功德无量。篇末希冀玄奘法师的译经能够流芳百世，广布人间。贞观二十二年（648）夏，玄奘法师复请太子赐作文字，李治时在春宫为太子，亦为亲撰《大唐皇帝述三藏圣教序记》。碑文的第十四行到第二十一行为李治的记，先赞扬玄奘法师的慧根和修行，描述他求取印度真经的艰难和执着，肯定他奉敕于弘福寺译经的善行。此后，玄奘法师上启申谢，又分别得到唐太宗父子的答敕，碑文第十二行是唐太宗的答敕，第二十二行为李治的答敕。碑文最后为玄奘法师奉诏翻译的《般若波罗蜜多心经》。碑文最末题当时参与经文润色的五位大臣衔名及建碑刻字人等："太子太傅尚书左仆射燕国公于志宁/中书令南阳县开国男来济/礼部尚书高阳县开国男许敬宗/守黄门侍郎兼左庶子薛元超/守中书侍郎兼右庶子李义府等奉敕润色"，"咸亨三年十二月八日京城法侣建立"，"文林郎诸葛神力勒石"。碑文总计约1890字。

唐太宗极其推崇王羲之的书法，他曾在《王羲之传赞》中评价古今以来只有王羲之的书法是尽善尽美的。唐太宗还是秦王时就大力收集王羲之的书法名迹，即位以后更是在长安宫廷中广集王羲之书法作品。弘福寺的怀仁和尚负责集字工作，历时二十四年，从东晋"书圣"王羲之的遗墨中将碑文内容逐一收集、拼就镌刻成此碑，有的字实在找不到，就用相应的偏旁部首合成。为了顺利完成这方集字之碑，怀仁和尚奉诏广泛收集王羲之笔墨，甚至不惜重金购买。当这通集字碑完成后，它便有了"千金碑"的美誉，可谓一字千金。另外，怀仁为王羲之裔孙，得家学而熟谙书法，所以能在集字刻字中再现王羲之书法的风韵气象，并直入神理精髓，使得此碑千余年来，最为士林与书苑珍重有加。

此碑虽然是怀仁集字而成，但点画气势、起落转侧、纤微克肖，充分地体现了王书的特点与韵味,达到了章法合理、平和简静的境界。整篇碑文气韵连贯,笔势生动,具有极高的艺术价值。明人王世贞说其"备尽八法之妙"(王世贞将它比喻为"真墨池之龙象,兰亭之羽翼也");清代蒋衡更是称赞此碑"与《兰亭序》并驱,为千古字学之祖"。真乃王羲之书法之集大成也,在书法史上对后人产生了极大影响。

1974年,西安碑林对《石台孝经》进行了整修,施工过程中在碑石的接缝处发现了南宋(金)拓的《集王羲之圣教序》整拓本一幅,保存基本完好。现传世的《集王羲之圣教序》宋拓本传世较多,但整拓本仅西安碑林的这一件,弥足珍贵!

《圣教序》的不同版本

唐太宗父子为玄奘法师亲自撰写序和记,在当时成为了佛教界最具影响的盛事,以至在随后的高宗朝竟因此而掀起了二十年间频频刻立《圣教序》丰碑的热潮,相继有永徽四年(652)褚遂良书《雁塔圣教序碑》,显庆二年(657)王行满书《招提寺圣教序碑》,龙朔三年(663)褚遂良书《同州圣教序碑》,然后就是这通《怀仁集王羲之行书圣教序碑》。在内容上,所不同于前三种《圣教序碑》的是此碑不仅包括了序、记二文,更添刻了太宗和高宗给玄奘谢表所回复的答敕,以及玄奘所翻译的二百六十字《心经》和当时参与经文润色的五位大臣衔名及建碑刻字人等。

大秦景教流行中国碑
景教入传中土的见证

唐（618 — 907）

高279厘米，宽99厘米
出土于陕西省西安市

  《大秦景教流行中国碑》，额题"大秦景教流行中国碑"，楷书；碑题"景教流行中国碑颂并序"。碑呈竖方形，螭首龟趺。碑文格式与一般的纪事颂德碑相仿，有序，有颂，刻文32行，满行62字，书体是唐代通行的楷书。碑额上方，刻着一个由莲花台烘托着的"十"字，碑文下方和碑的左右两侧还刻着古叙利亚文，其间夹杂着汉文题名。

《大秦景教流行中国碑》

《大秦景教流行中国碑》由大秦寺僧波斯人景净撰文,他是一位具备深厚汉文化修养的学贯中西的大学者,用无可挑剔的地道汉语写成这样一篇优美的文章。碑文书法秀丽天然,结体工整而不刻板,章法布局巧妙,带有唐初期虞世南、褚遂良的书风。书者吕秀岩,有人认为他就是吕岩,即著名的"八仙过海"中的吕洞宾,并以洛阳出土的《吕让墓志》为证,认为吕岩即吕让的第三子。但据学者分析,《大秦景教流行中国碑》刻立时,连吕岩的父亲吕让都还没有出生,所以认为吕秀岩就是吕岩即吕洞宾的说法,是站不住脚的。《大秦景教流行中国碑》原立于唐大秦寺,明天启五年(1625)出土后,就近安置在西安城西的崇仁寺(俗称金胜寺)内。关于金胜寺,宋联奎在《苏盦

●《大秦景教流行中国碑》拓片

●《大秦景教流行中国碑》碑侧拓片

杂志》中提到这座寺院位于长安西门外,原本是唐代波斯胡寺,后来讹称崇圣寺。明宪宗朱见深成化年间,曾大举修缮,把它作为秦王府的香火院,秦王题寺名为崇仁寺,清代毕沅复称崇圣寺。宋联奎认为按照邑志记载,真正的崇圣寺应该在朱雀西第二街的崇德坊,在长安城正南稍西,而金胜寺在长安城正西。金胜寺得名的由来在于寺后有金胜铺,俗语遂称之为金胜寺,而且此寺名副其实的富丽堂皇,是当时长安各寺中的佼佼者,寺中有五百尊罗汉,雕塑精湛。这座寺院是当时西安最大的佛寺,清同治元年六月初四,兵贼匪乱,寺成焦土,唯有寺中的景教碑巍然独存。此碑于清光绪三十三年(1907)入藏西安碑林。

《大秦景教流行中国碑》中的"大秦"是指哪个国家呢?原来它是古代中国对罗马帝国的称呼;唐人所说的"大秦",则实指建都于君士坦丁堡的东罗马帝国。"景教"这个名字出现得比较晚,是早期基督教的一个叫聂斯托利派的派别在唐代传入中国后的名称,最早就出现在《大秦景教流行中国碑》的碑文中,认为聂斯托利派的教义奥妙却难以定名,功用昭彰,所以强称为景教,应该是聂斯托利派基督徒自己发明的汉译词。碑文详尽地记述了景教的教义教规和圣洗、瞻礼、祈祷等礼拜方式及唐贞观九年(635)至建中二年(781)景教在中国不同时期的传教历程。唐贞观九年(635),基督教聂斯托利派的一名传教士阿罗本带着真经和经像,经过长途跋涉,从波斯来到唐朝长安传教。当时正值中国历史上最辉煌的时代——大唐盛世刚刚拉开帷幕,一代英主李世民以他的雄才大略和足够的自信，在宗教上采取了兼容并蓄的政策，他派遣宰相房玄龄郑重接待了阿罗本，把他接到了皇宫里，听取教义，以其玄妙无为，特令传授。贞观十二年（638）秋七月，唐太宗下诏在长安义宁坊建成了第一座景教寺院，当时被称为"波斯寺"，大致位置相当于今天的西安市莲湖区桃园路以西、土门以东、桃园西路以南、丰镐东路以北这样一个范围内。同时，度僧21人，并令有司将太宗写真转模于寺壁。唐太宗的儿子唐高宗时期，封阿罗本为镇国大法王，并让各个州都设立景教寺。武则天圣历年间和唐玄宗先天年间，景教遭遇了当时洛阳得势的佛教徒的攻击谩骂和长安儒生的讪笑诽谤，景教徒罗含和及烈在关键时刻帮助化解了这两场危机。唐玄宗让长兄宁国王等五位亲王，亲自到景教寺去建坛参拜；天宝年间，玄宗又命令高力士送高祖、太宗、高宗、中宗、睿宗五位先帝的画像悬挂在寺中，并赐绢百匹；天宝三年（744），又下令让唐土的罗含、普论等17名景教僧侣与来到长安的大秦国景教高僧佶和在兴庆宫一起修功德；天宝四年（745），下诏将此前一直称作"波斯寺"的景教寺院，改称"大秦寺"。唐玄宗还亲自为景教寺题写匾额。"安史之乱"后，唐肃宗在灵武等五座郡城中重新建立景教寺院。唐代宗时，每逢圣诞日，就会给景教寺院赐香和美味佳肴款待景教徒。唐德宗制定了维新景教的方略。

《大秦景教流行中国碑》还有另一个重要内容，就是赞颂一位名叫伊斯的景教徒。按唐代官制，伊斯是正三品的文散官——金紫光禄大夫，担任过同朔方节度副使和试殿中监，并赐紫袈裟，还曾作为郭子仪的副手参与平定"安史之乱"。伊斯仁善好施，提供食物、衣服给饥寒交迫的人，给病人疗疾，并且安葬过世的人。正是这位伊斯，他将当官时得到的俸禄、赏赐都布施给穷人，并且捐资重建了大秦寺。

自从《大秦景教流行中国碑》出土后，在西方名气很大，很多人都想得到它，对它的保护可以说是险象环生。清光绪三十三年（1907），一个叫何尔谟的丹麦人企图盗运此碑，但没有得逞。据何尔谟自述，他第一次来到金胜寺后，见到了没有任何保护措施，甚至连一个简陋的遮雨棚都没有的《大秦景教流行中国碑》，于是他送给已经住在寺中五十多年，七十六岁的老和尚一个放大镜，并给如来佛捐了些丝绸，用来博得老和尚的好感，以期得到帮助。据说何尔谟打算花三千多两白银买下这块碑，偷运出境，运往伦敦。同时，他做了两手准备，亲自去了富平的采石场挑选石材，打算秘密地用复制碑换取原碑，如果换碑不成，至少可以得到精确的复制碑。不过，何尔谟的行踪引起了当地官府和在西安的外籍传教士的猜疑，《大秦景教流行中国碑》受到了异乎寻常的关注，他最终运走的只是复制品。《大秦景教流行中国碑》的原碑正好借此机会，移入了西安碑林加以保护。

《大秦景教流行中国碑》在唐武宗灭佛时逃过一劫，埋入了地下。明天启年间，耶稣会士在华传教正值高潮，它又恰逢其时地重见天日。时至清末，兵燹四起，中国的历史文化遗产处在水火之中，值得宽慰的是，景教碑没有像敦煌遗书那样被西方的探险家盗运至海外，也没有像昭陵二骏那样流落他乡。《大秦景教流行中国碑》入藏碑林后，一方面，使这块记载着上帝的福音首次入传中土，基督教与大唐结缘的重要史实的名碑终得其所；另一方面，西安碑林自此拥有了一件最具世界影响的堪称国宝的藏品，足以传为一段佳话。

享誉世界的《大秦景教流行中国碑》

盗碑未遂的丹麦人何尔谟在他1924年出版的《My Nestorian Adventure in China》（《我为景教碑在中国的探险》）一书中，曾称《景教碑》、埃及出土的《罗赛塔石碑》、约旦出土的《摩押石碑》和墨西哥出土的《阿兹特克授时石刻》为世界四大名碑，而《景教碑》是这四大名碑之首。这并不是他夸张杜撰，而是真实地反映了当时西方学界对《景教碑》重大历史价值的普遍认识。《景教碑》、20世纪初出自敦煌藏经洞的汉文景教写本和2006年洛阳出土的唐代《大秦景教宣元至本经》经幢是目前研究唐代景教的重要资料。

武思元墓志
武则天堂兄墓志

唐（618—907）

边长76厘米
2018年西安碑林博物馆征集

武则天的家族谱系一直备受学界关注，2008年西安碑林入藏一方武则天的堂兄武思元墓志，志文涉及武氏家族源流，根据武思元的生卒年对了解武则天的生年亦有所助益。武思元墓志呈方形，志盖阴文篆书"大唐故使持节汝州诸军事汝州刺史武府君墓志铭"共5行，满行5字，志题"大唐故使持节汝州诸军事汝州刺史武府君墓志铭并序"，志文共计38行，满行37字，楷书。志石四侧及志盖四杀线刻缠枝牡丹纹。

武思元是武则天的堂兄，武士逸第三子，又名武安业，武则天的父亲武士彠（yuē）为武思元的叔父。据史书记载，武思元的父亲武士逸，字逖，为齐王府户曹参军、六安县公，是齐王府的重要官员，后从齐王守太原时

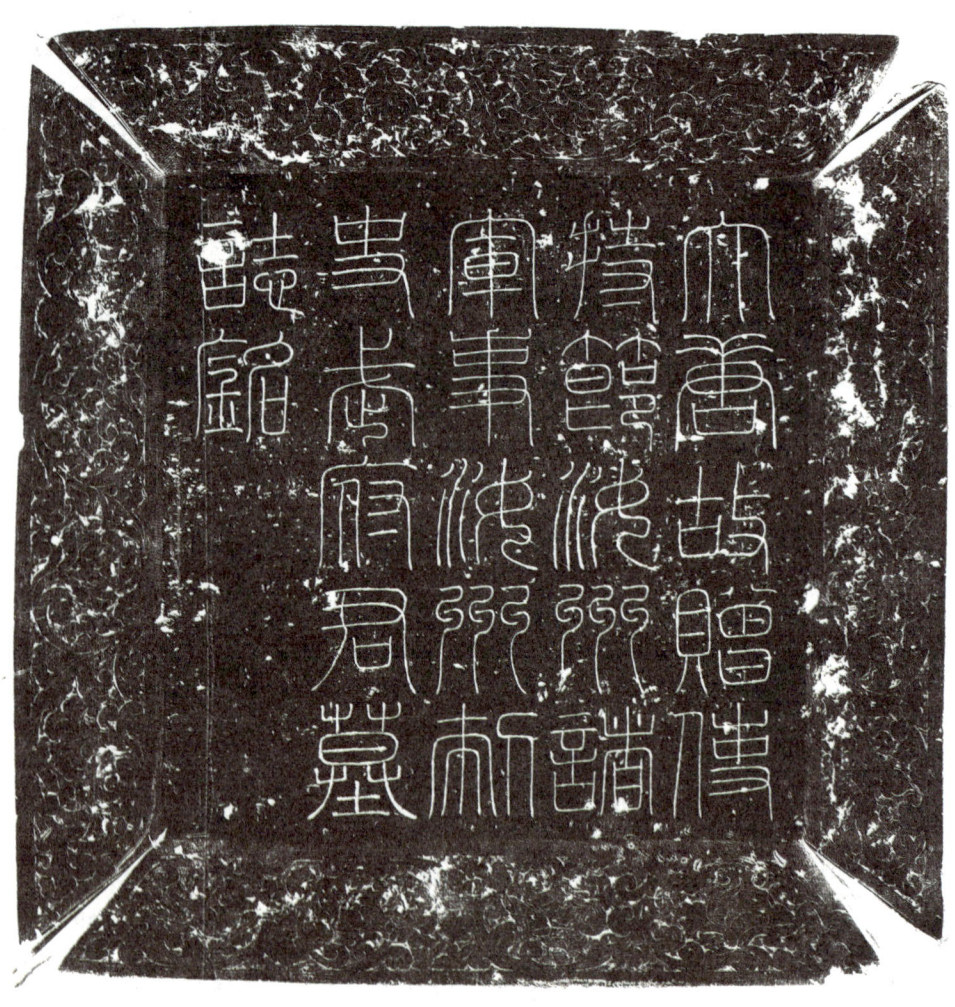

《武思元墓志》志盖拓片

被刘武周俘获，期间派人向齐王献破贼计，因功擢升为益州行台左丞。按志文记载，武思元卒于上元元年（674），春秋五十有一，可推知其生年是唐武德七年（624），武则天称呼其为堂兄，则武则天生年当在武德七年后。武思元明经擢第在贞观十五年（641），明经及第后，就进入吏部的铨选阶段，一般守选七年。在守选期间，武思元选择了从军入幕，投身昆丘道行军幕府的文职干部行列。武思元任平定龟兹战役时的行军兵曹，应是行军幕府中的僚佐之一。武思元参加平定龟兹战役时年仅二十四岁，因为军功被授予勋官上骑都尉，视正五品。贞观二十三年（649），龟兹战役结束后，武思元的行军兵曹就自动罢职了，一直到显庆初年才担任襄州安养县令，武思元以明经及第而能解褐六品官职，应该与他先前投身行军幕府并立下军功不无关联。

永徽六年（655），武则被立为皇后，同父异母的哥哥武元庆、武元爽等皆得以升迁，此二人却对荣国夫人出言不逊，导致了乾封元年（666）武则天对武元庆等人的报复，外放武元庆为龙州刺史，武元爽为濠州刺史，武元庆到任后以忧卒，武元爽则坐事流放振州而死。武思元可能就是受到武则天将同父异母的哥哥武元庆、武元爽及武士彟的二哥武士让的儿子武惟良等外放为远州刺史这一件事波及，被贬官至偏僻的夷州任宜林县令。后以平牂牁（zāng kē）（今贵州省境内）之功，改授琰州司马，琰州属江南道，初为下州，开元中降为羁縻州，则武思元任琰州司马为从六品下的官职。

志文中记载武思元的最后一任官职是永州零陵县令，零陵为上县，从六品上。武思元生平做官都在江湖之远，终其一生都无缘庙堂之高，上元元年溘然长逝。垂拱三年（687），武则天虽称太后，实则掌权，这一阶段武氏子弟皆当权任，正是在这样的政治环境中，武则天忽而念及已然过世十三载的堂兄，隆重下诏赗赙并追赠，武思元因而由于武则天的一纸诏书洗尽凋零，恩泽加身，荣华"饰终"。武思元去世时仅为零陵县令，追赠的汝州刺史为正四品下，赠官官品高于生前官品，则赗赠级别按照正四品应为物七十段，而根据志文可知武思元的赗物为二百段，远高于规制所得，更多馈赠来源于太后的恩赐，另外，葬日量供三梁六柱，帐幕，手力，六品一人检校，葬礼所需的车马服用、装饰器用、人员安排等供给一应俱全。此时正逢武则天欲弱化李氏宗亲而器重武氏子弟，对武思元葬事的褒赠，既彰显恩德，笼络武氏宗亲，加强武氏的势力，巩固现实的"皇权"；另一方面，也显示出武氏家族此时的煊赫和强势。以垂拱三年的追赠为契机，武思元及夫人杜陵韦氏迁葬于少陵原北凤栖之原，志文中不述及其子武求己，仅在铭文中有"其子欲养，而亲不俟"的轻描淡写，墓志扬亲显孝的意图不显，通篇却不乏对武则天夺权合法性的宣扬，诸如"乾坤牝贞于易象，内德融而外戚助，自其家而化为国""眣膌神赐之业，遐开圣姓之符""产凤鸟于仙洲，奇音自蓄"等叙事都是为了建构武则天夺权的正统性，墓志虽不言明诏撰之作，或也有可能是武则天授意为之。

《武思元墓志》涉及昆丘道行军，目前已有8方墓志志主参加了此次

《武思元墓志》拓片

军事行动，这对深入探究昆丘道行军的相关问题有所裨益。唐贞观二十一年（647）十二月，唐太宗以阿史那社尔为昆丘道行军大总管发动了规模空前的龟兹战役。昆丘道行军的两次军事行动，第一阶段是平定龟兹的战役，第二阶段是阿史那贺鲁在天山以北地区的招降活动。《武思元墓志》中记载的应该是昆丘道行军中的第一阶段，平定龟兹的战役是唐朝针对西域形势变化的顺时而动，其后唐朝设置了以龟兹为中心的四镇都督府，是唐朝成为亚洲中心帝国的重要策略。武思元在昆丘道行军任兵曹一职，属军司僚佐中的"四曹"之一，职掌武官和士兵的名簿。

  墓志的撰写者是唐代著名应制诗人、珠英学士成员之一的韦元旦。珠英学士是武则天称帝后出现的文学团体，珠英学士的产生应与武则天执政时期重进士科选拔人才，鼓励文学取士紧密相联，当然这些举措与她政治夺权、笼络人才、巩固统治休戚相关。垂拱三年（687）韦元旦还在雍州美原县尉任上，他的下一任官职应该就是监察御史，韦元旦这次重要迁转，应该与他附和武则天不无关系。

道因法师碑

欧阳通传世作品

唐（618 — 907）

高312厘米，宽103厘米
始立于长安怀德坊慧日寺，宋初移入文庙（今西安碑林）

西安碑林第二展室矗立着号称"唐楷第一人"的欧阳询所书的《皇甫诞碑》，同时同地展出的还有他的第四个儿子欧阳通的一方《道因法师碑》。欧阳询父子书法齐名，后世并称"大小欧阳"，欧阳通的传世作品很少，目前仅存《泉男生墓志》和《道因法师碑》。《道因法师碑》碑题"大唐故翻经大德益州多宝寺道因法师碑文并序"，又名《唐道因禅师碑》《道因禅师碑》，刻于唐龙朔三年（663）十月十日，李儼撰文，欧阳通书，华原县常长寿、范素镌。此碑螭首龟趺，碑文34行，满行73字，楷书。

碑额处浮雕一佛二菩萨像，高45厘米、宽34厘米，下题"故大德因法师碑"7个小字，横列1行，楷书。此碑不仅在碑侧浮雕精致的蔓草纹，而且在龟趺座两侧、碑座与碑身相接处，用流畅的阴线刻画出十多个卷发深目、异国装束的人物形象，生动传神。此碑刻工精良，字迹花纹保存完好。碑阴刊有宋咸平元年（998）庐岳僧正蒙书《赠梦英诗》。此碑原立于长安怀德坊慧日寺，宋初移入文庙，大约在金元之际即入藏西安碑林。

碑文记述了隋末唐初的一位高僧道因法师的生平事迹。道因（586—658），俗姓侯氏，濮阳人，祖父侯阚，齐冀州长史；父亲侯玚，隋栢仁县令。道因年仅七岁时遭遇母丧，免丧之后，便发出家弘愿，到灵岩道场拜师习诵。因为道因聪敏超群，仅用了不到一旬的时间，就能熟诵《涅槃》二表，众人惊叹，以为神童。隋大业二年（606），二十岁的道因正式落发为僧，从此开始了研读佛经、弘扬佛法的人生历程。后来，道因拜于名僧靖嵩的门下，听讲《摄大乘论》。靖嵩（537—614），俗姓张，涿郡固安人，十五岁时出家，

《道因法师碑》

044

《道因法师碑》（局部）

《道因法师碑》拓片

神气俊越、聪悟天机，通识大乘极旨，门徒推盛。道因虽然属于新进佛门弟子，但是业行攸高，所以颇受推崇。在靖嵩门下修行，道因的佛学造诣日益精进。其后，道因在太岳山隐居四载，将出行洛中，但是当时法纲严峻，僧侣必须相伴而行，而道因孑然一身，恐遭受刑罚。于是，道因默念观音，过了一会，忽然出现一位白首僧人请道因和他一起同行，到了地方，白首僧消失不见了，众人皆称是道因精诚感化。

隋朝末年，道因躲避战乱于三蜀，在成都多宝寺讲经说法，其后成为当地一位德高望重的高僧，常讲《维摩》《摄论》，听者千人。当时有一位宝暹法师，擅长大乘，学徒甚盛，但是每次和道因法师谈论经义，都肃然改容。唐贞观十九年（645），玄奘法师从西域取经归来，奏请皇帝组建国家级的译经院翻译佛经。当时已经五十九岁的道因法师被选中成为译经院的一员，奉唐太宗诏令来到长安，开始在大慈恩寺协助玄奘法师翻译佛经，并因此得到"翻经大德"的封号。显庆三年（658），道因法师圆寂于长安慧日寺。

《道因法师碑》碑侧浮雕蔓草纹拓片

次年归葬益州，窆于彭门光化寺石经之侧。《宋高僧传》有传。此碑为其弟子元凝等人为纪念先师，在其圆寂五年后刻立。

书者欧阳通，字通师，是欧阳询的第四子，潭州临湘人。官历中书舍人，判纳言事，封渤海县子。书学其父，父子齐名，称为"大小欧阳"。武周天授二年（691），欧阳通官至宰相，然而就在他达到仕途顶峰的这一年，又因为反对立武承嗣为皇太子而惨遭诛杀。作为书法名家之子，欧阳通的学书之路并不顺利。在他很小的时候，父亲便已过世，因此在他学书的道路上并无多少父亲的陪伴和指点。欧阳通有一位严厉且执着的母亲，在家道中落的时候，母亲仍然极力支持儿子继承父业、学习父书。虽然儿子得不到父亲的亲自指点，母亲就让欧阳通购回父亲的书法作品，朝夕临摹。因此，欧阳通的书风源自家法，有其父欧阳询的遗风，又融入了自己的特点。此碑书法，笔力劲健，结字谨严，有其父欧阳询之遗风。

据说欧阳通对自己的书法很是自负，如果遇到有人来求取书法，他不但要求对方备好文房四宝，还对笔墨纸砚有特别的要求。毛笔必须以象牙或犀角做毛管，狸毛为芯，复以秋兔毫；墨要以松烟制成，并加入麝香；纸必须坚薄、白滑。符合以上要求，他才肯书写。欧阳通传世的碑刻极少，除了这方《道因法师碑》之外，还有1922年出土于洛阳的《泉男生墓志》，小楷点画工整精妙，笔力遒劲，风骨深蕴。

石台孝经碑
唐玄宗亲自注解并书写孝经

唐（618—907）

高620厘米，宽132厘米

始立于长安城务本坊的国子监太学内，后迁至唐尚书省西隅；北宋哲宗元祐二年（1087），又移至府学之北墉；北宋崇宁二年（1103），迁于碑林现址

    移步碑林广场，映入眼帘的是一座气度宏伟、重檐四角的碑亭，牌匾上是清代虎门销烟名将林则徐题写的"碑林"二字，平添一股凛然正气。许多远道而来的游客都对少了一撇的"碑"字表示疑惑不解，有学者认为，从今天我们约定俗成的"碑"字的字符构件来看，好像古代碑刻中的"碑"字是少了一撇，其实恰恰相反，不是少了一撇，而是多了一撇。由《说文解字》可以看出，"碑"字右部"卑"的构件本是由上"甲"下"十"（手的象形）构成，所以当篆书向隶楷书转变后，"碑"字（包括以"卑"字

《石台孝经碑》

为构件的字)自然都是没有一撇的,这就是今天我们看到中古时期的碑刻文字中,"碑"字都无一撇(当然并不排除中古后期有因手书俗写而出现的多写一撇的极个别现象)的缘由。唐宋以后,雕版印刷渐趋普及,"碑"字不经意地开始较多出现了多写一撇的写法,并随着版刻书籍的流传而逐渐成为一种约定俗成的字形字样的规范,甚至造成了今人以为古代碑刻中少了一撇的"碑"字的写法是属于错字或别字的模糊理解。

碑亭的下方,矗立着碑林的迎客第一碑——《石台孝经碑》。《石台孝经碑》刻于唐天宝四年(745),又名《唐玄宗注孝经碑》《唐明皇八分书孝经碑》《唐明皇注孝经碑》。因为坐落于3层石台之上,而上面所书写的文字内容为中国古代儒家

● 《石台孝经碑》碑首

经典——《孝经》，故此得名。碑身是由4块青石板组合而成的长方柱体。碑石的下方有3层石台阶，台阶上线刻生动传神的蔓草瑞兽。动物和植物刻画得浑然一体，整个构图既威武又不失活泼，既展现了轩昂的盛唐气象，又体现了精湛的线刻艺术。碑石顶端覆盖着方形的碑额，碑额上厚载盖石，盖石边缘雕刻着形态优美的卷云，卷云层层向上蔓延扩大，宛若一顶仙气袅袅的云纹冠，所以又称为"卷云华冠"。碑额的四面浮雕有四对举足相立的瑞兽。碑石光莹如漆，保存完好，原立于长安国子监中，唐末移置于尚书省西隅，宋元祐年间入藏西安碑林。

《石台孝经碑》额题"大唐开元天宝圣文神武皇帝注孝经台"16字，4行，篆书。《石台孝经碑》碑文和注释均用隶书书写，4面刻字。南、西、北的每一面都是18行，东面为最后一面，前7行满行55字。东面后半部分分为上下2层，上层右半为表文，李齐古撰，9行，楷书；左半为玄宗亲笔批答，3行，行书。下层为4列题名，楷书。题名最末有清乾隆四十七年（1782）张埙、钱坫，乾隆五十二年（1787）冯敏昌、冯敏晖等明清两代题记共5则。碑文内容是由唐玄宗李隆基亲笔所抄写的中国古代儒家经典——《孝经》，玄宗亲自作序、注解，并以隶书书写，时为太子的李亨奉敕篆额。

唐玄宗李隆基是一位重视"孝""悌"的皇帝。他曾先后两次为《孝经》训注，第一次是在唐开元七年至十年（719－722），第二次就是在天宝二年至四年（743－745），体现了李隆基"以孝治天下"的治国理念和

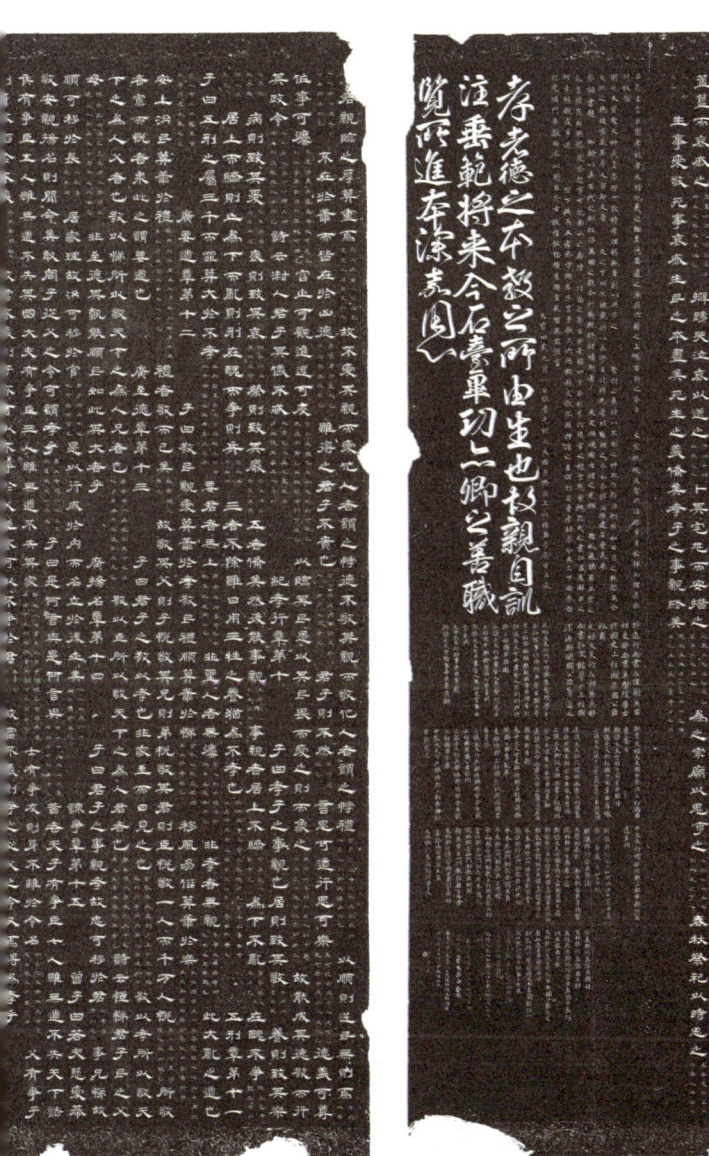

《石台孝经碑》拓片

决心。他御注的《孝经》也成为唐以后中国历史上最通行的注本。《石台孝经碑》的碑文分为序文和正文两部分，正文分为十八章，这十八章中也不乏引经据典。李隆基在序文中阐明《孝经》的重要性和训注《孝经》的原委。他引用孔子的话："吾志在《春秋》，行在《孝经》。"来说明孝是一切道德的根本，行为的准则。然而，现世离圣人的时代愈加遥远，经典的真义难以辨认，《孝经》的旧注杂乱不一，不能真正起到教化的作用，因此他亲自注解，为了使它能够广泛普及，翦除繁芜，撮其枢要，避免繁复拖沓的弊病，并且博采三国吴韦昭、王肃、虞翻（fān），三国魏刘劭，隋刘炫，南朝齐陆澄六家，甚至更广泛意义上的《孝经》旧注之长，而且立足于儒家五经的旨趣，铺陈一部能够垂训将来的御注《孝经》，大肆宣扬他以孝治天下的政治思想。由于他希望能够达到德教加于百姓、形于四海，因此他的御注《孝经》在阐释经义宗旨时务求精练平实、深入浅出。初注作成后，唐玄宗颁示臣下，有人奏请让大儒元行冲为御注作疏，博稽典籍加以论证。大概也是为了增加这部通俗易懂的御注《孝经》的权威性。

《孝经》是一部明确宣扬"以孝治天下"政治思想的儒家经典，是记录孔子及其弟子曾参关于"孝"和"悌"的问答之辞。"孝"指在家孝敬父母，在朝廷要尽忠于皇上；而"悌"则是指兄弟姐妹之间的一种情谊，要相互友爱相互关心。两千年以来，《孝经》对中国社会都极具影响，被视为思想的权威，被当作伦理道德的规范。自汉初至清末，《孝经》的广泛习读蔚为风气。《孝经》中的一些脍炙人口的经典语句让人朗朗上口，如"身体发肤，受之父母，不敢毁伤，孝之始也。立身行道，扬名于后世，以显父母，孝之终也。"

李隆基不仅是政治家、音乐家，创作了闻名遐迩的《霓裳羽衣曲》；同时，他还是一位杰出的书法家。《旧唐书·玄宗本纪》中称他"多才尤知音律；善八分书"，是中国书法史上著名的帝王书法家之一。他的书法工整、字迹清晰、秀美多姿，在唐代书法中占有一定的地位。《石台孝经》上的隶书可谓是李隆基擅长的书体之一了，被称为"唐隶"。碑文用笔丰腴华丽、大气磅礴、结构庄严恢弘，堪为唐隶的典范。隶书早在汉代便已达到了鼎盛时期，唐隶便是在汉代隶书的基础上将每个文字的结构变得更加宽腴、更加平整，让每个字的笔画更具装饰性与修饰性。这种现象也反映了当时唐代以胖为美的审美观念，尽显一种雍容华贵的感觉。在碑石东面上层的左半部，还能感受到唐玄宗飘逸灵动、自然流畅的三行行书书体，批注为"孝者，德之本，教之所由生也，故亲自训注垂范将来。今石台毕功，众卿之善职，览所进本深嘉用心"，是对参与立碑的官员的奖誉。碑石南面碑文书有"皇太子臣亨奉敕题额"，李亨以小篆体来书写碑额题字，工整严谨、中锋用笔、粗细均匀、平衡对称、藏头护尾、力含其中。

《石台孝经碑》刻成后立于长安城务本坊的国子监太学内，唐昭宗天祐元年（904），迁至唐尚书省（大致相当于今西安城北大街以西，北广济街以东，鼓楼以北，西华门街以南这一带）西隅（靠近北广济街一侧）；北宋哲宗元祐二年（1087），又将石碑移至府学之北墉；北宋崇宁二年

（1103），迁建于碑林现址。《石台孝经碑》的书法端庄典雅，波磔分明，左舒右展，装饰性强，给近将衰微的隶书注入新的活力，绽放盛唐气息。明王世贞《弇州山人稿》评："丰妍匀适，与《太山铭》同。行押亦雄俊可喜。"明赵崡《石墨镌华》称："开元帝书法，与《太山铭》同润色史惟则，老劲丰妍，如泉吐凤，吞海为鲸，非虚语也。"

《石台孝经碑》不倒之谜

《石台孝经碑》使用的青石，是一种青黑色的墨玉石，是碑刻选材的上品，多产于陕西省的富平县。将这种石材加工为凹凸处理的连结方式来固定，就是严格意义上来讲的"榫卯"结构。这样的处理方式多用于中国古代的建筑结构，是一种稳定的固定方式，《石台孝经碑》因此经受住了明朝嘉靖三十四年（1556）发生在陕西关中地区的大地震的考验，依然完好无损，巍然挺立。

廖有方墓志
中唐交州著名诗人

唐（618—907）

2006年西安东郊征集

唐代交州州治在今天越南首都河内，隋时设交趾郡，唐武德五年（622），唐朝设立了交州总管府，治所在交州，领交趾、怀德、安定、宋平四县。其后改成安南都护府。当时的越南北部包括河内等都是属于唐朝安南都护府管辖之地，接受唐王朝管理，以学习唐代的儒家文化为风气，可以参加朝廷举办的科举，获取功名后，就能够在唐朝仕宦。2006年1月，西安碑林博物馆在西安东郊征集到一方唐代墓志，志主为唐代交州诗人廖有方。墓志方形有盖，盖题"唐故廖端公府君墓铭"9字，3行，行3字，行书，

《廖有方墓志》拓片

盖题四周及四杀均饰云纹；志文23行，满行26字，楷书。

廖有方曾祖廖怀恩，潮州刺史；祖父廖芬，任职衡阳；父廖伯元，严州刺史。廖有方是廖伯元的次子。廖有方的父祖辈都在南方仕宦，到廖有方时，在长安城杜陵南一里有顷田，父母祔葬其中，廖有方定居京兆，故称京兆人。志文称廖伯元仕宦广州时，廖有方尚自襁褓，发生了哥舒晃、吕太一之乱，前者发生在唐大历八年（773）九月，岭南节度使、广州刺史吕崇贲被他的部将哥舒晃所杀，皇帝下诏令路嗣恭兼岭南节度观察使，嗣恭提拔流人孟瑶和敬冕，二人用计斩晃，诛其同恶；后者发生在唐广德元年（763）十一月，宦官广州市舶使吕太一发兵作乱，节度使张休弃城奔端州，吕太一纵兵焚掠，官军讨平之。

廖有方本名有方，字游卿，取《论语·里仁》中"父母在，不远游，游必有方"句中之义。元和十一年（816），廖有方中进士第后改名游卿，字秦都。在此前一年，廖有方应举不第，并于此后发生了一件让人称道的义举。元和十年（815），廖有方下第失意后游蜀，到了宝鸡西界馆，听到有人呻吟，在暗室中见到一位同样数举不第的贫病儿郎，以后事相托，没等廖有方寻求救疗，他就突然离世了。廖有方于是将自己所乘鞍马贱价出售，将其安葬，并亲自题铭："嗟君没世委空囊，几度劳心翰墨场。半面为君申一恸，不知何处是家乡！"后来，廖有方从西蜀取东川路到达灵合驿，驿将把他迎回自己的私宅，驿将的妻子身着素衣，见到廖有方，不停呜咽再拜，盛情款待了半月。廖有方将要离开，驿将的妻子悲鸣不已，厚礼相赠，廖有方不明所以，驿将的一席话解开了他的疑惑，原来他在宝鸡西界馆安葬的离世儿郎就是驿将妻子的季兄胡绾秀才。廖有方唏嘘不已，但是拒绝了馈赠，驿将夫妻坚意奉送，廖有方婉言拒绝，驿将奔骑追随，廖有方终不肯受，厚礼被弃于林野。廖有方的这一义举被传到了州府，州府又表奏朝廷。第二年，中书舍人权知贡举李逢吉放三十三人及第，其中就包括廖有方。

廖有方为人乐道的义举，不仅对他的进士及第有所帮助，关于这次义举的记载也同时使他仅存的上述那首《题旅榇》得以流传至今。但是，廖有方对后世产生的影响很大程度上来源于著名诗人柳宗元的称道。柳宗元于唐元和九年（814）身处永州时作有《送诗人廖有方序》和《答贡士廖有方论文书》。前者称扬廖有方刚健重厚、孝悌信让，作诗能有大雅之道，世之所罕；后者是廖有方从交州入贡礼部应举时请柳宗元为其作序文，柳宗元的答书，答书中称自己在京师时就喜欢写文章提携后辈，因为他的这些文章而知名者不在少数。唐顺宗时，王叔文与刘禹锡、柳宗元等人发起了"永贞革新"，试图抑制宦官势力，但革新失败，王叔文等被杀，而柳宗元、刘禹锡一大批文人才子则被贬为了边远落后地区的司马，此事件史称"二王八司马事件"，其中柳宗元则被贬为永州司马。柳宗元被贬永州后，很多南方士子以柳宗元为师，经过柳宗元口授指点后，他们的文词多有法度。廖有方也慕名求文，柳宗元对其人品和才华大加赞赏。明代黄佐在《诗人邵谒传》中就提到柳宗元于南方士人中独称廖有方。

《廖有方墓志》志盖拓片

廖有方进士及第后的历官大都为幕职，最后一任为正五品上的云阳令，卒于此官。他的婚姻值得一提的是他的第一位夫人支氏，支氏为唐德宗、顺宗、宪宗三朝著名宰相杜黄裳的亲戚，这对廖有方在京城的定居和发展应该有很大关系。据学者考证，《廖有方墓志》的撰写者是与廖有方同为元和十一年（816）进士的唐代诗人任畴，他又是一位擅长行书的书法家。

开成石经
最完整的石质儒家典籍

唐（618—907）

由114通石碑组成，每通高216厘米，宽93厘米

原立于长安城务本坊的国子监太学内，后迁至唐尚书省西隅，北宋哲宗元祐二年（1087），又移至府学之北墉，北宋崇宁二年（1103），迁于碑林现址

　　从汉末至清代，历代统治阶级曾多次将儒家经典文本刊刻镌石，其中有文献可考且规模宏大的刻经有7次，尤以唐《开成石经》刊刻规模最大，且是目前为止保存最为完整的石经。唐《开成石经》由114通石碑组成，其刊刻始于唐文宗太和七年（833），完成于唐文宗开成二年（837）。碑石皆为两面刻字，每面上下分为8栏，每栏约刻字37行，满行10字。内容包括《周易》《尚书》《毛诗》《周礼》《仪礼》《礼记》《春秋左氏传》《公羊传》《谷梁传》《孝经》《论语》《尔雅》等12部儒家经典及《五经文字》

● 西安碑林博物馆《开成石经》陈列内景

《九经字样》等，共计160卷，650252个字。经文皆为法度严谨的唐楷小字，每经篇首标题则用唐隶刻成。在石经的末尾刊刻有"开成二年丁巳岁月次于玄曰维丁亥"，即开成二年（837）九月二十六日，这是全部石经刊刻完毕的确切日期。

在距今一千二百年前的唐代中期，雕版印刷术尚未推广应用于刊刻经史典籍，唐人所读的书籍以手抄卷为主。唐代宗大历十年（775），国子司业张参详细勘定了儒学五经，并书写于国子监讲论堂的东西两厢墙壁上，使国子监的学生们学有范本。张参在唐开元天宝年间举明经，至唐大历初任司封郎，寻授国子司业，他在校勘经文的基础上，命孝廉生颜传经收集疑文互体，编成《五经文字》，当时应是附于《五经壁本》之后，一同直接书于屋壁之上的。但时日历久，因墙壁崩剥，字迹逐渐漫漶不清，国子祭酒齐皞与太常博士韦公肃便选用高大坚实的木料，比照墙壁尺寸，剖析成宽大平滑的木板，且在连接之处设有机关，使众多木板相互契合，连结成为整体板面，制作成大型版牍立于墙前，组织善书之国学生徒，重新书写儒经于其上，以"五经壁本"之名风行天下。唐文宗太和四年（830）四月，时任工部侍郎兼充翰林侍讲学士郑覃鉴于长期以来儒家经典在手抄传承中仍存在着"经籍讹谬，博士相沿，难为改正"的弊端，创议发起校订六籍，并模仿东汉刻立《熹平石经》于太学的工程，希冀能够勘正范本，以作为后世的典范。但是第二年李宗闵、牛僧儒上台后，与李德裕相善的郑覃便被罢去侍讲学士，从文宗身边调开，所以他的建议未能及时实行。直到唐文宗太和七年（833）二月，李德裕复出为相，五月，郑覃任御史大夫，仍召为侍讲学士，得在文宗左右，他的刻经提议终被获准——允许在国子监讲论堂两廊创立石壁九经及《孝经》《论语》《尔雅》等经，即当年的十二月，唐文宗敕于国子监讲论堂两廊创立石壁九经。唐文宗太和九年（835）十月，郑覃迁尚书右仆射，兼判国子祭酒，不久又以本官同平章事，以宰相兼国子祭酒的身份领导了国子监刊刻"石壁九经"的工程。在将木版《五经壁本》改为"石壁九经"之前，又对经文再度进行了校定，郑覃上表起居郎周墀、水部员外郎崔球、监察御史张次宗、礼部员外郎孔温业等校定九经文字，这项工作由翰林待诏朝议郎唐玄度主持完成，重新校勘的结果，产生了《新加九经字样》一卷，作为对张参《五经文字》的补充，亦附刻于石经之末。唐文宗开成二年（837）九月，石经竣工完成。石经刊刻的过程包括校勘、正字，到书写、刊勒、上石，遵循严格的程序和制度，结衔列名于石经末尾的就有十二人。其中，负责书丹上石的有艾居晦、陈玠、段绛等四人，艾居晦、陈玠的身份是书石学生，是从诸生中善书者选拔而来书写石经的。校勘兼看书上石的官员是柏嵩、陈庄士，覆定者包括主持此项工程的郑覃、朝议大夫杨敬之、翰林待诏唐玄度等。

《五经壁本》的"五经"是《诗》《书》《易》《礼》《春秋》五种经典的总称，"石壁九经"的"九经"则是将其中的《礼》析为《三礼》，《春秋》析为《三传》，并各自单算为一经，于是成为"九经"。《五经壁本》很可能并未包括《孝经》《论语》《尔雅》，而《开成石经》除"九经"之外，又加刻上述三经，所以又合称《十二经》。清代的贾汉复总督陕西时，命诸生收集唐石经字补刻了《孟子》，便成为今天所说的《十三经》。至此，唐国学《五经壁本》用了60多年的时间，从书于屋壁之上的整部经书到木版"壁经"，再由木版到石刻的历程，最终成就了唐《开成石经》这部卷帙浩繁的石刻典籍。

唐末战乱，五代更迭，唐长安城遭到了彻底的破坏，诸多镌刻着名经书典的丰碑大碣被弃置郊野。《开成石经》刻成后立于长安城务本坊国子监，后历经韩建、刘鄩等地方官吏的陆续迁移，逐渐移至城内原尚书省之西隅放置。北宋哲宗元祐二年（1087），在转运副使吕大忠的主持下，

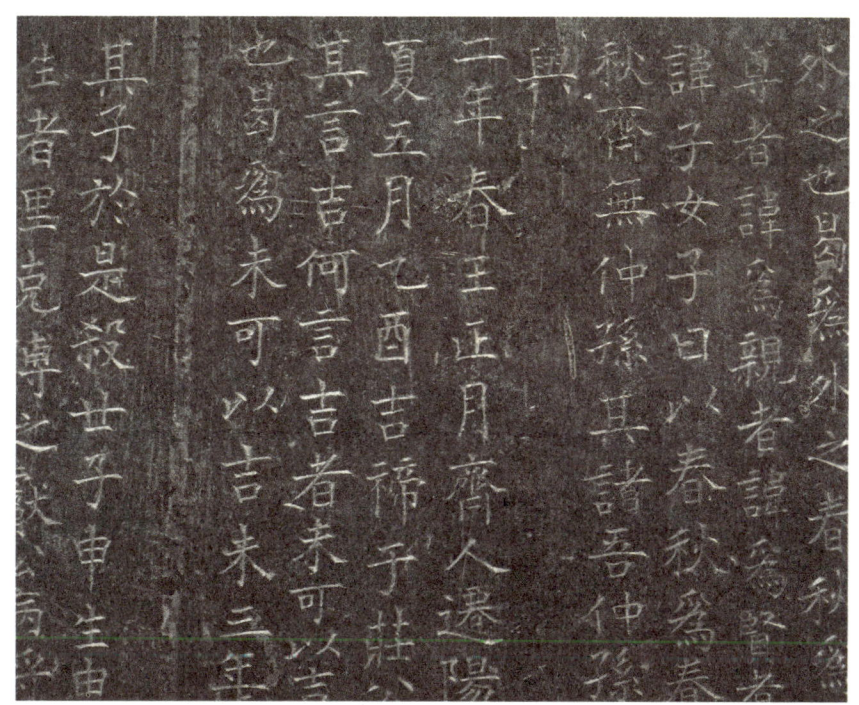

● 《开成石经》局部

体量巨大的唐《开成石经》和巍峨高耸的《石台孝经》，从地杂民居的唐尚书省故地迁徙至西安府学之北墉，与颜、柳、欧、褚等书法名碑一起，共同奠定了西安碑林的基础。

明嘉靖年间，陕西关中发生大地震，唐《开成石经》也在劫难中倒扑断裂44方，后由明朝西安府学官叶时荣按照旧文收集其缺损的文字，补刻于97方小石上，亦陈列于石经之后。清康熙三年（1664），陕西巡抚贾汉复等人集唐《开成石经》中的字样补刻《孟子》17通，圆首方碑，每石高225厘米，共刻36506个字。1937—1938年间，时任国民党中央宣传部部长的邵力子先生主持对西安碑林的整修工作，将集唐人字样所称的清康熙三年《孟子》刻石等由室外移入唐《开成石经》展室内东侧，遂与唐《开成石经》中的十二经合称为"十三经"，使西安碑林保存了这一中国历史上最大最完整的儒家经典，成为中华民族重要的历史文化遗产。

唐《开成石经》作为较为完整的唐代儒家经典标准刻本，是校勘整理的珍贵实物资料。首先，石经的正文文字的字体为唐代通行的楷书，对唐代的经籍用字起到了强有力的规范作用，使楷体作为规范字体的地位得以确立，深入人心，并沿用至今。每经的标题为隶书，隶书题额古雅典重，可以醒目地区分各经及其篇章段落；其次，在格式上，石经的碑版和汉魏石经不同，汉魏石经雕刻时一般都是从上至下一列一列地雕刻，那样阅读起来很不便，而《开成石经》则是将整块碑分为8栏，每栏37列，每列10字，全都是自右往左，由上而下，先表后里。每一经篇按位篇次序连缀，卷首篇题俱在其中，一石衔接一石，故不易凌乱，栏与栏之间以横线相隔并留空，便于将拓本装订成册，以供士子、经生阅读，这也直接促进了木版雕刻印刷书籍的形成。

《开成石经》是由陈玠、艾居晦、段绛等多人共同书写的，虽字体皆为工整严谨的规范楷书，但书法风格区别明显，仍可看出字体受欧、虞、褚、颜几位唐代楷书大家的影响。如《周礼》结构自然萧散、点画含蓄圆融、捺笔较长，具有虞世南书风特点；《周易》结体严谨、用笔方正，极似欧阳询风格；《左传》则融合了褚遂良的节奏分明和颜真卿的丰润朴厚。

唐代儒家经典"十三经"

《周易》是儒家经典之一，通过八卦形式推测自然社会的变化，包含有朴素的辩证法观点，对后世哲学的发展有很大影响。

《尚书》是我国的上古历史文件和部分追述古代事迹著作的汇编，保存有商周特别是西周初期的一些重要史料，是研究我国古代社会、政治、经济的重要文献。

《诗经》是我国最早的诗歌总集，编成于春秋时代，现存作品305篇，分为《风》《雅》《颂》三类。

《三礼》是《周礼》《仪礼》《礼记》的总称。《周礼》搜集了周王室官制和战国时期的各国制度，并添附了儒家政治思想汇编而成的。《仪礼》是春秋战国时期的一部分礼制的汇编。《礼记》是秦汉以前各种礼仪论著的选集。

《春秋》是我国最早的一部编年体的历史著作。对《春秋》加以注释的有三家，左丘明所撰的被称为《左氏春秋》，公羊高所撰的称为《公羊传》，谷梁赤所撰的称为《谷梁传》，合称《春秋三传》。

《孝经》相传是孔子的弟子曾参所著，内容主要是关于孝和悌，前者指在家孝敬父母，在朝忠于君主；后者指同辈之间和睦相处。

《论语》是孔子弟子及再传弟子关于孔子言行的记录，内容有孔子的谈话，答弟子问及弟子之间的相互谈论。

《尔雅》是我国最早解释词义的专著，是考证词义和古代名物及研究我国古代自然、地理和语音的重要资料。

《孟子》一书是孟子弟子汇集他的言论集。记载了孟子的政治活动、政治学说、哲学伦理及教育思想等。

玄秘塔碑
最具神韵的柳书碑刻

唐（618 — 907）

高386厘米，宽120厘米

始立于唐长安兴宁坊安国寺内，宋初移至文庙（即今西安碑林）

    北宋范仲淹在悼念故友石延年的《祭石学士文》中称赞延年的书法如散落人间的神物时提出"颜筋柳骨"之说，其中的"柳"就是指的柳公权，西安碑林存有其亲书的《玄秘塔碑》《回元观钟楼铭》《冯宿神道碑》。柳书最显著的特征就是"柳骨"，王世贞的《弇州山人书画跋》中评价《玄秘塔碑》是柳书中最露筋骨者。《玄秘塔碑》，又名《大达法师玄秘塔碑》《唐大达法师碑》，碑题"唐故左街僧录内供奉三教谈论引驾大德安国寺上座赐紫大达法师玄秘塔碑铭并序"，刻于唐武宗会昌元年（841）。此

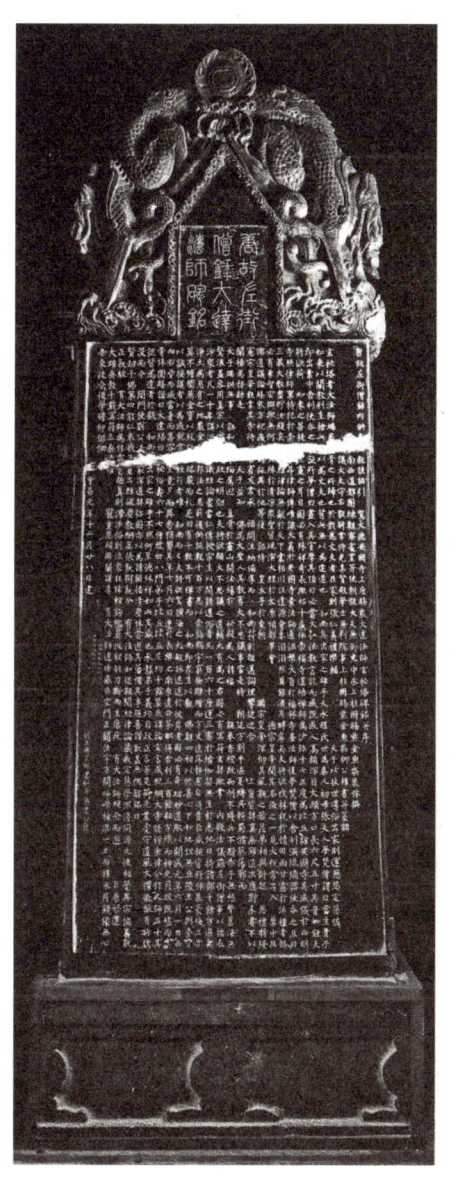

《玄秘塔碑》

碑螭首方座，碑文28行，满行54字，楷书。额题"唐故左街僧录大达法师碑铭"12字，3行，行4字，篆书。裴休撰文，柳公权书并篆额，邵建和、邵建初刻。碑侧刻蔓草纹，碑身上部在明嘉靖三十四年（1555）关中大地震时断裂，字有残损，余尚清晰。碑阴上部分别刊有大中五年（851）及大中六年《敕内庄宅使牒》《比丘正言疏》，是安国寺比丘正言承买万年县浐川乡陈村田庄宅舍的官方文书和正言本人所作的说明。下部有万历二十一年（1593）所刻"纲纪重地"4字，隶书。此碑原立于唐长安兴宁坊安国寺内，宋初移至文庙，后即入藏西安碑林。

碑文主要叙述了安国寺上座大达法师的生平事迹。大达法师释名端甫，俗姓赵氏，甘肃天水人。碑文起首记述大达法师出生前的特殊祥瑞，其母张夫人梦见一位梵僧告诉她将生贵子，然后取出囊中的舍利让张夫人吞服。大达法师出生后的一个白昼，梵僧进入屋中摩挲他的头顶说日后必定大

071

《玄秘塔碑》拓片

弘法教，说完就消失了。成人后的大达法师相貌出奇，高额深目、大颐方口、声若洪钟。大达法师 10 岁时就成为一名小沙弥，跟随崇福寺的道悟禅师学习佛法，17 岁时在安国寺正式剃度为僧。其后具威仪戒于西明寺照律师，禀持犯于崇福寺升律师，传唯识大义于安国寺素法师，通涅槃大旨于福林寺崟法师，又梦见梵僧给他装满琉璃器的舍利让他吞服，告诉他三藏大教尽入于他了。至此，大达法师的经律论已经无人能及了。

大达法师在唐德宗、顺宗、宪宗三朝极受恩遇，唐德宗听闻大达法师之名，遂召他经常出入禁中与儒道讨论，赐给他紫方袍，又诏侍皇太子于东朝，甚为礼遇。唐顺宗与大达法师亲若昆弟，相与卧起，恩礼特隆。唐宪宗数幸其寺，待之若宾友，下诏让大达法师率僧徒到灵山迎真骨，在秘殿开法场。掌内殿法仪，录左街僧事。开成元年（836）六月一日，大达法师圆寂，其年七月六日葬于长安城长乐原之南，赐谥大达，俗寿 67，僧腊 48，起玄秘塔为法师埋骨之所。此碑是其弟子正言、义均、自政等人为纪念先师而刊立的。《宋高僧传》卷六《唐京师大安国寺端甫》的内容几乎完全照录了《玄秘塔碑》碑文，所以此碑为研究高僧传记，提供了不可多得的实物资料。

撰者裴休（791—846），字公美，孟州济源人。善为文，长于书翰。长庆中登第，后入为监察御史、右补阙使馆修撰。大中初累官户部侍郎，充诸道盐铁使，又转兵部侍郎，迁御史大夫。咸通初入为户部尚书，徙户部，加太子少师卒。

书者柳公权（778—865），字诚悬，京兆华原（今陕西耀县）人。幼年即嗜好学习，12岁能为辞赋。唐元和初进士擢第，释褐秘书省校书郎，其后10年不曾迁官。元和十五年（820），唐穆宗即位之初，召见柳公权，称自己在佛寺见过他的书法，思之久矣，柳公权即日拜右拾遗，充翰林侍书学士。自此，柳公权历唐穆宗、敬宗、文宗三朝，官至太子少师，封河东郡公，是晚唐的大书法家。他初法"二王"，后又遍阅初唐前辈笔法，其书法受颜真卿影响甚大。宋人朱长文《续书断》将柳书列入妙品，他认为柳书出于颜真卿，又加以遒劲丰润，然不如颜真卿的体局宽裕。苏东坡认为柳公权的书法出于颜真卿，而又能另出新意，一字百金，名不虚传。柳公权的书法开一代新风，又与丰润、雍容取胜的颜书不同，而是在丰润之外更加一层遒劲，自成一家，世称"柳体"。骨力遒劲的柳体书风，与颜真卿书法并称"颜筋柳骨"。柳公权的书法在唐代已负盛名，他侍书三朝，当时的公卿大臣家请人写碑志，如果不能出自柳公权之笔，别人就以为其人不够孝顺。外国使臣到唐朝来，每次入京，也纷纷以重金购买柳公权的书法。《玄秘塔碑》为柳公权60多岁时所书，点画峻拔，骨势刚健，方圆兼用，行住提顿，精悍出神，又骨肉相匀，刚柔相济，游刃于古法之外，寓新意于颜书之中而自有新意。通碑遒媚劲健，清瘦有神，刻工精湛，运笔意俱能纤毫无失。

据北宋元祐五年（1090）的《京兆府府学新移石经记》记载，吕大忠迁移唐石经于"府学之北墉"后，《开成石经》分东西而陈列，《石台孝经》在中央，颜、褚、欧阳、徐、柳所书碑分布在庭之左右，以上为一同迁移的唐宋诸碑，其中的"柳"碑，就是柳公权的《玄秘塔碑》。在柳公权书写的众多碑刻中，《玄秘塔碑》有幸与唐《开成石经》《石台孝经》及诸多唐代名碑一起，为碑林的形成奠定基础，并且作为碑林藏石而得到历代有识之士的保护。千年之后，其他柳书碑刻大多毁失，能保存至今日的，也多已字迹漫灭，唯有《玄秘塔碑》除了碑身上部横断损字之外基本完好，一直被奉为学习柳书的入门之帖，可以称得上是目前最具神韵、骨力见胜、保存最好的柳书碑刻之一。

颜筋柳骨

"颜"指颜真卿，"柳"指柳公权。颜真卿和柳公权都是中国古代书法史上著名的楷书四大家之一。颜真卿的书法丰腴雄浑，体局宽裕又气势恢宏，显得筋健洒脱。柳公权的书法则笔法锋锐，字形瘦硬，棱角分明，骨力遒媚劲健。"颜筋柳骨"出自北宋范仲淹的《祭石学士文》："曼卿之才，大而无媒，不登公卿，善人为衰。曼卿之笔，颜筋柳骨，散落人间，实为神物。曼卿之诗，气雄而奇，大爱杜甫，独能嗣之。"所谓的"颜筋柳骨"是指颜柳两家书法风格像筋骨遒劲有力，但风格各异。

大夏石马
赫连王朝的背影

大夏（407 — 431）

高200厘米，长225厘米
1954年发现于陕西省西安市汉长安城遗址内

    1954 年，著名美术史学者王子云、何正璜夫妇等人在汉长安城遗址考察时，无意中在一片麦田中发现了一匹矗立千年的石马。当他们擦拭去泥土，在石马前肢的腿屏处发现"真兴六年"的字样时，一个悲壮可泣的王朝背影慢慢呈现在了众人的眼前，一段战马嘶鸣的图景再次引起后人的思考。

    大夏石马由整块黄岗岩雕刻而成，石马驻足站立于底座上，面向前方，尾部残缺，头部略低，马颈和头部形成约 55 度夹角，鬃毛从马首右侧成线状垂下。石马采用了线刻、浮雕和圆雕相结合的处理手法,整个雕塑以圆雕的形式出现,既保持了雕塑的厚重感和饱满感,又具有一定的绘画效果和装饰效果。石马前肢与后肢的两足之间均保留有支撑马体的腿屏,后肢的腿屏上浮雕有山状图案,右后腿微微做抬起势,给整个石马增加了一丝动感,富于韵味。在前肢的腿屏上镌刻有铭文,隶书,9行,行5字,有方界格,铭文有残损,内容为"大夏真兴六年岁在甲子夏五月辛酉□□三日□□□大将军□□□造□□□□石□□□彰副吕门树"。

铭文记载了石马所处的时代及其背景,大夏为赫连勃勃建立,大将军指的是赫连勃勃的长子赫连璝。赫连勃勃,匈奴铁弗部人,匈奴右贤王的后裔,本名刘勃勃,413年他的势力达到了鼎盛阶段,令人在陕西靖边营都建城,命名为统万城,同时以为原来的名字从母姓刘非礼也,故改姓为赫连氏,表示自己是上天的儿子,此后均称其为赫连勃勃。417年,东晋刘裕攻克长安灭后秦,待刘裕东还后,赫连勃勃趁机攻取长安。418年,赫连勃勃正式在长安称帝,改元昌武,他考虑到日益强大的拓跋魏的威胁,并没有把都城从统万城迁至长安,而是留守太子赫连璝镇守长安,自己返回统万城。至此,大夏的版图达到了全盛时期,辖境包括今天的陕西渭水以北、内蒙古河套地区、山西太原和临汾西南部、甘肃东南部和宁夏全境。

赫连勃勃称帝后,赫连璝被封为太子,领大将军、雍州牧、录南台尚书衔。但是赫连璝的太子之位并不稳固,真兴六年,赫连勃勃拟废除璝太子位而立次子伦为太子,赫连璝闻知此讯后,率兵7万攻镇守高平的赫连

● 大夏石马

伦，伦败亡。赫连勃勃第三子赫连昌镇守阴密，复发兵袭杀赫连璝，至此大夏后继者确立，但在此过程中大夏国力大为削弱，为拓跋魏的迅速崛起埋下了伏笔。

在一般的认识中，赫连夏被视为五胡十六国之一，其实赫连勃勃所属的铁弗部和北魏的拓跋部在历史的进程中有着极为相似的作用，二者均兴起于代北漠南之境，主体人群都是匈奴和鲜卑的混合体，在具体的位置上，

● 大夏石马腿屏处铭文

前者在南，后者在北。赫连夏定都统万城，北魏定都平城，他们都是在塞外完成政治体的孕育，立都也都是在传统的中原王朝的北境地带，具有浓厚的内亚北族色彩，这与"五胡"国家的汉晋本位有所差别，并先后开始了对五胡的消灭，最终由拓跋魏完成了统一北中国的进程。在赫连勃勃的观念中，他称帝后拒绝了群臣建议的迁都长安，都说明了大夏立国的朔方定位，可以说五胡时代终亡的号角吹响于赫连夏，而完成于拓跋魏，那么从此视角来看的话，赫连大夏拥有关中则在中国历史上具有了特别的意义。

赫连夏如今留存下来的遗存不多，具有纪年性质的文物尤为少见，更以大夏石马最具代表性，如果把此匹石马当作铁弗部灭亡五胡历史的见证物之一，那么它无疑会成为大夏历史显现的最佳例证。真兴六年，是赫连夏发展历史上的转折点，此年赫连璝出兵攻取赫连伦，至此开始了大夏皇子夺嫡的斗争，同时也是大夏国力迅速衰亡的开始。同时期的北魏却实现了皇位的平稳过渡，年轻的拓跋焘即位，史称太武帝，在五年间多次对赫连夏用兵，先后攻克统万城和长安，俘获当时的大夏皇帝赫连昌，至此奠定了北魏华北霸主的地位。大夏石马相传放置于赫连璝的驻守之地——汉长安城长乐宫前面，直至大夏灭亡始终没有挪移过，在这一点来看的话，石马也是赫连夏与拓跋魏之间攻守转变的见证者了。

有人说，赫连璝当时作为长安的最高军政长官，为了树立自己的威信，也为了纪念自己曾经作为先锋攻占长安的军功，特意请当时最好的工匠雕刻出石马，并镌写下了雕刻的年月和自己的官职。但是，我们透过此匹石马看到的却是另一幅场景,在残酷的政治斗争中,一位即将失去太子地位的皇子,在父皇即将罢黜自己而打算另立其弟的时刻,举起了陪伴自己多年的战刀,率领麾下来自草原的勇士,奋起反抗准备出发战斗时的无奈和苍凉。

大夏石马的造型明显承袭了霍去病墓前的马踏匈奴的艺术形式,同时也具有独特的表现手法,在采用直立式造型样式的基础上,在石马腹部和基座部分使用了镂空处理,使整个石马散发出一种飘逸的轻盈感,具有了生命力的呈现,这无疑属于古代雕刻艺术的一件珍品。

赫连子悦墓志
大夏国主赫连勃勃后裔

北齐（550—577）

边长 70.5 厘米
1938 年于右任捐赠西安碑林博物馆

  1938 年于右任捐赠给西安碑林的鸳鸯七志斋藏石共 318 种 387 石，包括北齐墓志 8 种，其中就包括《北齐赫连子悦墓志》及《北齐赫连子悦妻闾炫墓志》。《北齐赫连子悦墓志》刻于北齐武平四年（573），出土于河南安阳。墓志呈正方形，志盖为覆斗形，四角有铁环，盖题"齐开府仆射赫连公铭"9 字，3 行，行 3 字，篆书；志题"齐故侍中车骑大将军开府仪同三司左仆射吏部尚书太常卿食贝丘县干赫连公墓志"，志文 36 行，满行 36 字，隶书。

● 《赫连子悦墓志》志盖

083

● 《赫连子悦墓志》拓片

志主赫连子悦，字士忻，是北齐一位出色的武将，赫连子悦起家征南府长史，后加奉车都尉，除济州城局参军、征虏将军等数十种官职，曾与中书令邢子才、梁州刺史魏收议撰新令。武平二年（571），除太常卿，十月，北周请和，赫连子悦以本官除使持节侍中，聘周使主。武平四年（573）八月二十四日卒于邺都里舍，享年七十三岁。诏赠使持节都督、晋建二州诸军事晋州刺史、尚书左仆射、开府仪同三司，将军如故，其年十一月二十三日迁葬于邺城西南十五里。

赫连子悦曾经与北齐世宗高澄有过一段对话，赫连子悦任林虑郡守时，高澄前往晋阳途经林虑郡，问赫连子悦有何不便利的地方，赫连子悦回答说临水县和武安县离郡太过遥远，山岭重迭，车步艰难，不便交税，如果能分属魏郡，则地平路近。高澄笑着说赫连子悦只知道为百姓便利考虑，却没有想到这样做会减少林虑郡"干"的数额，因为临水县、武安县割出外属后，原郡所辖户口总数就减少了，占丁口数量一定比例的"干"的数量相应减少后，全郡的代役钱总额也会减少。赫连子悦听了高澄的话，凛然答道以民间疾苦为重，不敢顾虑个人利益。高澄对此称赞有加。

赫连子悦是北齐的"食县干"官吏，曾食临邑县干，后改食贝丘县干，北齐的"食干"制是优待鲜卑勋贵、扶植安抚六镇胡人的手段之一，赫连子悦属于北齐需要拉拢的胡人血统官员。赫连子悦的高祖是十六国时期大夏国的建立者赫连勃勃。赫连勃勃原名刘勃勃，字屈孑，他的父亲刘卫辰被前秦苻坚封为西单于，后为北魏攻伐身死，勃勃投奔叱干部，叱干部的他斗伏准备把勃勃送给北魏，他斗伏兄子阿利劝诫不听，便偷偷派人将勃勃送给后秦高平公没奕于，没奕于将女儿嫁给了勃勃。赫连勃勃身高八尺五寸，腰带十围，生性善辩聪慧，仪表堂堂，后秦姚兴很器重他，拜他为骁骑将军，加奉车都尉，时常参与军国大议。姚兴的弟弟姚邕劝告姚兴说勃勃生性残暴，不可亲近，姚兴不听，甚至想将三城、朔方杂夷和他父亲刘卫辰的旧将三万配给勃勃，经姚邕苦谏才暂时没有施行。其后，勃勃果然将自己的岳父没奕于杀害，然后吞并了他的士兵。义熙三年（407），勃勃自称天王、大单于，建元龙升，建立大夏国。义熙九年（413），赫连勃勃下诏书称自己的祖先从北迁到幽朔，改姓为姒氏，因为语言和中原不同，所以随母姓刘，儿子随母亲的姓氏不合乎礼，于是改姓赫连氏，意思是说美好显赫与上天相连，希望能长久地享有无尽的吉庆。赫连伦是赫连勃勃的第四子，也就是赫连子悦的曾祖，被封为酒泉王。最初赫连勃勃立长子赫连璝为太子，元嘉元年（424），赫连勃勃又想废掉太子赫连璝为秦王，改立酒泉公赫连伦为太子。赫连璝听说父亲要废黜自己而立赫连伦为太子，于是率兵北伐赫连伦，赫连伦率领骑兵三万抵抗，在平城被赫连璝所败，赫连伦被杀。赫连子悦的祖父赫连豆勿于长期担任北魏的地方长官，其父是仪同三司，幽州、恒州刺史。

北魏永熙三年（534），孝武帝元修西行长安，魏分东西，其后被北齐、北周取代，北齐是北朝后期已被汉化的鲜卑族高氏建立的政权。北齐自文宣帝高洋废东魏孝静帝即位，至幼主高恒，前后共六帝，享国二十八年。

其间诸帝昏庸荒淫，宠信奸佞，诛杀斛律光和兰陵王等北齐名将和军事统领，加速了北齐的灭亡。从史籍记载看，北齐赫连子悦在任上既无学术，又阙风仪，但从墓志却可以看出他是一位久经沙场、骁勇善战的一代名将。

北齐在文化艺术方面取得了很高的成就，北朝晚期直至隋代，在墓志中出现了一种复古的隶书潮流，多追求规整和装饰性。《赫连子悦墓志》书法通篇布局严谨，复古的隶书规整，承接汉隶风格，又结体略拙，有北朝书风意趣。

司马芳碑
胡汉民族融合的见证

北魏（386 — 534）

残高106厘米，宽98厘米
1952年出土于陕西省西安市北广济街

《司马芳碑》，1952年于西安市北广济街修下水道时发现，旋即入藏西安碑林。此碑现存上半部分，且裂为三截，篆额题名为"汉故司隶校尉京兆尹司马君之碑颂"；碑阳文字十六行，中间两行损泐，存一百四十二字；碑阴上部十四行刻属吏名讳，下部十八行疑刻司马氏世系，惜残不成文。

此碑额浅浮雕螭首，这种形制不是汉碑所有，而是东晋以后的石碑式样，是由汉代碑晕向隋唐高浮雕螭首演变时期的典型风格。碑额的篆字同北魏早期的《嵩高灵庙碑》《平国侯韩弩真妻碑》的碑额篆字颇相似，只

《司马芳碑》

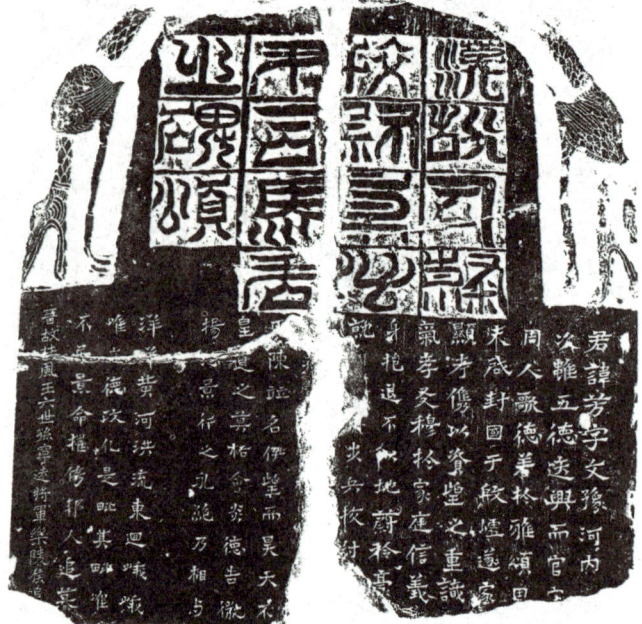

《司马芳碑》拓片（正面）

《司马芳碑》拓片（背面）

是笔画更加圆厚肥重，字体圆曲随意。碑阳文字介于隶楷之间，碑文主体和题衔书法虽有所不同，不过总体看来都显示出了北魏早期铭刻体的基本特点，笔画的右昂，入笔的方截，横笔的方磔上收，捺、提、折、点的楷法，与平城时代刻石中的《南巡碑》《王忆变碑》诸刻十分相近。碑阴下部的文字书法与碑阳主体文字基本相同，上部的属吏撰写则显得有些粗疏，少了几分规整而略显朴拙生动，表现出平城体书风的另一种面貌。

《司马芳碑》在物质属性上整体文字均刊刻于北魏早期；文本属性上有两个方面，碑文主体和属吏属于汉末内容，题衔和碑阴下部的司马氏世系文字属于平城时期。总体来说，此碑应该是初刻于汉末，到了北魏时期司马准又重新刻石，不过在内容上增加了题衔和司马氏世系的文字部分。

《司马芳碑》最早是作为属吏为府主追念的德政碑刻立的，北魏时期重新刊刻不仅出于司马氏家族记忆的需要，同时也是作为历史性的象征存在的。在古人心目里，石碑作为一种独特的景观形式，表达着一种不朽性的观念，成为中国历史上极其重要的具有纪念碑性的载体。《司马芳碑》重刻于太平真君六年（445），时值太武帝时期。明元帝时北魏周边的政治格局十分复杂，柔然、北燕、大夏、西凉等政权环绕四周，太武帝继位后制定了主动进攻的军事方略，他亲自率兵前后8次深入漠北讨伐柔然，尤其在429年大举北伐，进入漠北后舍弃辎重轻骑奔袭，大败柔然，经此之战后柔然的统治基础几乎全被摧毁，再也没有能力威胁到北魏北部边境的安全。始光三年（426）大夏由于诸子夺位，使得关中大乱，太武帝趁机派兵西伐。经过双方长期的征战，到了431年大夏灭国，至此北魏全据关中之地。关陇之地是中国北方最重要的几大区域之一，其重要性与河北、河洛相当，甚至有过之而无不及。周秦以降，关中就是政治文化中心，在历史上具有十分重要的战略地位，可以说北魏拥有关中后，其所具有的政治局面为之一变，为北魏统一北方奠定了重要的基础。太延五年（439）六月，太武帝领兵征讨北凉，一路进军顺利，九月北凉君臣降魏，北凉灭亡，河西走廊归入北魏版图。至此，中国北方终于在百年战乱之后重新归于一统，这个时间也成为北魏历史上最为重要的一个节点，故440年太武帝改元"太平真君"，预示着北魏政权一个新的开端。

北魏作为鲜卑拓跋建立的政权，在塑造自己的历史记忆时，必须站在北方民族的立场来进行建构。太武帝打败柔然、灭北燕后，整个东北亚的政治形势发生了巨大变化，灭北凉重新统一北方之后，北魏政权真正开始了从征服者到统治者的转变，为了宣传内亚族群政权的合法性，出身东北地区的鲜卑拓跋氏必须寻找属于自己过去的历史记忆。太武帝塑造北魏政权合法性的时候，先后采取了嘎仙洞事件、编修《国书》和《真人代歌》、改年号等措施，这一切都基于统治形式的要求。在太武帝时期，刻立有《嵩高灵庙碑》《东巡碑》等碑，太平真君三年（442）阴山广德宫完成后崔浩亦撰文立碑，从这几方石碑来看，它们不仅是国家政治权力的表现，同时亦有着对普通民众宣示统治秩序的意义。

《司马芳碑》不仅仅是为了司马氏家族追念先祖刻立，它所刊刻的时代正是北魏统一北方之后，司马准作为西晋皇族后裔在此时立碑应该有着独特的政治考虑。太武帝改元预示着北魏政权已成为胡汉民族的共同体，为了更好地处理民族之间的关系，太武帝十分重视崔浩等汉人士族，推行了大量的汉化政策促进胡汉之间的融合。当时在统治上层中汉人大族地位较低，而且极不稳定，针对这种状况，崔浩提出了"分明姓族"和"改降五等"的主张。这是面对北魏统一北方后的政治格局，促进汉族士人进入统治层的积极做法，从而调和胡汉种族间的矛盾，使鲜卑贵族和汉人士族两种不同文化和政治背景的人群可以整合到统一的政权体制里。

　　在太武帝的政策下，汉人士族为了彰显自己的门第血统，重塑家族的历史荣耀就成为必然之事，《司马芳碑》的刻立也是基于现实的政治需要而产生的，我们怀疑北魏时期许多碑石的刻立也有类似的原因。经过百年战乱到了北魏时期家族记忆已经模糊不清，冒籍现象时有发生，为了证明家族记忆有汉魏以来的正当性，重刻修缮汉碑就成为最重要的证明方式之一。除此之外，司马氏作为皇族后裔不同于一般的世家大族，他们刻立石碑还有着北魏朝廷重塑自身的天命正统的行为，只有司马氏族人承认他们的合法性，北魏政权才可以把自己塑造成是继承中原正统的政权。《司马芳碑》的形制与《南巡碑》十分接近，似乎说明《司马芳碑》的刻立背后有着王朝政治的身影。

　　司马景之、司马准兄弟明元帝时期归阙，一直受到北魏朝廷的重视。

在和司马准兄弟同时代奔魏的还有司马楚之，楚之曾于太延五年（439）随太武帝"从征凉州，以功赐隶户一百""诸司马以乱亡归命。楚之风概器略，最可称乎？其余未足论也。而以往代遗绪，并当位遇。"司马准是司马懿的七世孙，司马楚之是司马懿弟司马馗的八世孙，司马防是司马懿、司马馗兄弟的父亲，北魏诸司马氏众人为诉求共同的祖先记忆，他们选择了司马防这位共同的先祖立碑来表达他们复杂的心情，合于情理也有条件。选择在长安立碑，不仅因为司马防原碑刻立于此，而且关中初定，通过司马氏立碑的行为，亦可以为北魏朝廷稳定关中地区的统治秩序有所助益。碑阴下部有"茔十二""阙"等字样，似乎说明当时不仅仅是立碑行为，同时还有着系列的建筑营建活动进行。

雄才大略的北魏太武帝拓跋焘

北魏太武帝拓跋焘在位期间，扫统万，平秦陇，翦辽海，荡河源，南夷荷担，北蠕削迹，廓定四表，一举统一了中国北方，使西晋末年以来北方地区的割据混乱局面得以结束，为北方社会、经济、文化的恢复和发展提供了有利条件，当时也是大魏武功鼎盛的时期。其卓越的军事才能，在中国历史上也极为罕见。此外，他广泛搜罗汉族士人，整肃吏治，修订律令，督课农桑，崇尚儒学，推动了拓跋氏的封建化进程。

晖福寺碑
独具一格的奇特魏碑

北魏（386—534）

高294厘米，宽90厘米
始立于陕西省澄城县晖福寺内，1971年移入西安碑林

　　西安碑林作为石刻文物的殿堂，方形丰碑贝联珠贯，《晖福寺碑》的造型可谓奇特，独具一格。此碑螭首方座，碑额下有圆穿。碑身上部为长方形，下部碑身两侧呈弧形对称向内收缩。额题"大代宕昌公晖福寺碑"，3行，行3字，篆书。此碑又名《北魏宕昌公晖福寺碑》《宕昌公晖福寺碑》。刻于北魏太和十二年（488）。撰书者不详。两面刻字，碑阳24行，满行44字；碑阴刻有题名，1列9行，两面文字均为楷书。碑文除少数字漫漶外，余下皆可以识别，碑阴已经漫漶。此碑原在澄城县李润镇晖福寺如来

《晖福寺碑》

《晖福寺碑》拓片

庙内，1919年移至澄城县内劝学所，1971年入藏西安碑林。

碑文记载了散骑常侍、安西将军、吏部内行尚书、宕昌公王庆时在陕西澄城县南北旧宅为"二圣"（即文明太后和孝文皇帝）修建晖福寺，祈求神福，消灾祛难而建造晖福寺三级佛图各一区的事迹。碑文开篇对北魏孝文帝和文明太后极尽歌功颂德之能事，还描述了晖福寺的建筑设计旌攻锐巧、穷妙极思，建筑风格为崇基重构，层栏叠起。晖福寺从北魏太和八年（484）开始营建，到北魏太和十二年（488）竣工，四载而成，规模宏大，碑文称其"罕代之神规，当今之壮观者矣"，置身其中可以滢发道心、藻除尘垢，陶真炼和，遗形忘返。

王庆时，即王遇，为周灵王太子晋后裔，因为躲避战乱避居冯翊李润镇羌人之地，并改姓钳耳，北魏正始初才诏复姓王，所以王遇本名应为钳耳庆时。据此可知，碑文中王庆时的"王"字应当不是原迹，可能是正始年间复姓王氏后，族人磨掉"钳耳"二字，改刻而成。王庆时因坐事受腐刑，是北魏前期著名宦官，曾任散骑常侍、安西将军、内行尚书，封爵宕昌公。太和十六年（492），孝文帝下诏非太祖子孙及异姓为王者皆降等，王庆时应该在此时从宕昌公降爵为宕昌侯。王庆时父亲王守贵，生前为郡功曹，卒后因其子显贵，故追赠安西将军、秦州刺史、澄城公。王庆时生于太平真君四年（443），卒于正始元年（504），春秋六十二，比文明太后小一岁，深为太后倚重。太和十八年（494）迁都洛阳之前，孝文帝曾亲临身患重病的太后兄长冯熙的府邸话别，密敕王庆时，如果冯熙身故，

《晖福寺碑》拓片（局部）

令其监护丧事，可见王庆时亦为孝文帝宠信。王庆时是北魏时期著名的建筑大师，为皇家构建之统领兼大匠，曾主持监造平城冯太后永固陵、灵泉宫池、洛阳太极殿堂、东郊马射坛殿、北魏高后墓园等。据学者考证，云冈石窟中第九窟和第十窟应该也是王庆时主持建造的，精妙华丽，堪称一流。

《晖福寺碑》是现存北魏平城时期极为重要的一块碑刻，它首创了北魏太和年间建寺造像题名之风，并涉及北朝时期关中部族的迁徙、融合和发展历史，其内容对研究北魏佛教发展史及北魏建筑史颇有助益，具有极其珍贵的史料价值。《晖福寺碑》又具有极高的艺术价值，它是北魏时期风格独特的书艺佳品，书体兼具隶楷风格，全篇宕整遒丽，下笔锋芒内敛，线条凝练，具有俯仰向背的姿态和曲张之势，结体气势豪放。清代康有为在《广艺舟双楫》中将此碑和时代稍晚的永平四年（511）的《郑文公碑》并列为"妙品上"，评价《晖福寺碑》为"丰厚茂密之宗，隶楷之极则。"

魏碑书体

南北朝是我国文字发展演变的重要时期，这一时期的书法特别是北魏书法同时蕴含了隶书、楷书两种不同书体的特征，从而使其艺术风格、书写形式更加丰富多样，此时北方中原地区的书法以北魏碑刻为代表，"魏碑"和"北碑"成为北朝书法的代名词。

独孤浑贞墓志
鲜卑族后裔的独孤浑氏

北周（557—581）

边长47.5厘米
1993年出土于陕西省咸阳市渭城区

独孤浑贞墓位于咸阳市渭城区北杜镇成仁村南0.5公里，1993年冬被北杜派出所查获了墓志及部分陶俑。墓志青石质，呈方形，志文23行，行23字，楷书，有方界格，志文内容包括志石左侧的两行刻字。

《独孤浑贞墓志》志文首题"周故使持节柱国大将军晋原郡开国公独孤浑贞墓志铭"。据志文记载，志主独孤浑贞，姓独孤浑，名贞，字欢憙（xǐ），是北魏桑干郡桑干县侯头乡随厥里（山西山阴县南）人，卒于北周武成二年（560），春秋六十一，可推知其生年为北魏景明元年（500）。志文记载了独孤浑贞的戎马生涯，他在北魏永安二年（529）的时候，曾经跟随鲜卑贵族陇西王尔朱天光西征关陇。尔朱天光是北魏著名权臣尔朱荣的从

《独孤浑贞墓志》拓片

祖兄子，少年时候就勇敢决断，深受尔朱荣的喜爱，经常参与军事谋划，尔朱荣曾经对他说："我不在的地方，必须有你才能让我称心如意。"永安年间，曾加侍中、金紫光禄大夫、鲜卑北秀容第一酋长。建义元年（528），北魏爆发万俟丑奴反叛，尔朱天光奉命西征，镇压关陇各族人民起义，率领贺拔岳和侯莫陈悦军团入关。因为军士数量太少，尔朱天光停留不进，遭到尔朱荣杖打一百。其后，尔朱天光用技击败了万俟丑奴，又破万俟道洛和略阳贼帅王庆云，平定关陇。独孤浑贞追随尔朱天光作战时方为别将，后屡立战功，历任安康、咸阳郡守，东秦州、洛州、燕州刺史等职。独孤浑贞有四子，长子独孤浑长威，车骑大将军，盘川县开国子；次子菩提，应县开国伯；三子祇陁；四子世忠。

北周武成二年（560）四月十五日，独孤浑贞薨于长安，八月五日葬于杜原。杜原是指独孤浑贞墓地西2公里的北杜镇，其东西10公里范围的塬坡。《魏书·官氏志》记载："独孤浑氏，后改为杜氏。"可举史书记载的其中一个例子，北魏时期的杜洛周举兵反抗统治，《梁书》记其为吐斤洛周，《魏书》记为杜洛周，吐斤是独孤浑的省译，所以杜洛周的原姓应该就是独孤浑。独孤浑部落的鲜卑族后裔定居今北杜镇，因改姓杜氏，他们聚居的村镇由此也改名北杜镇，所以村镇附近的高原也以"杜原"来命名。

独孤浑贞墓属于咸阳机场北周墓葬区的一部分，该墓志对于研究北魏至北周初期的政治、军事等颇有助益，对鲜卑部落迁徙关中也提供了珍贵的线索。墓志书法精美，字体飘逸俊朗。

唐献陵石犀
来自南亚的异物

唐（618 — 907）

高212厘米，长335厘米
唐献陵遗存，1960年入藏西安碑林

卢纶《腊日观咸宁王部曲婆勒擒豹歌》："祝尔嘉词尔无苦，献尔将随犀象拜舞。苑中流水禁中山，期尔攫搏开天颜。非熊之兆庆无极，愿纪雄名传百蛮。"卢纶诗歌中所讲到的犀象拜舞，在唐人的诗歌中并没有专门的记录，只多在描写华丽隆重的宫廷宴会诗中有所提及，从此可知在唐代乐舞中出现的犀牛是非常珍贵的。

而在西安碑林博物馆里，就收藏着一件重达10吨的巨型文物，那就是献陵石犀。献陵是大唐第一位皇帝李渊的陵墓，位于陕西省三原县。李

● 唐献陵石犀

渊作为开国之君深感隋末骄奢之弊，故在遗诏中希望唐太宗对于他的陵寝葬事，务必一切从简，依据汉魏故事，斟酌而定。当时唐帝国的国力还在发展当中，所以献陵的规制布局均比较简单，主要是在陵园四门处各放置了一对石虎，在南门外面置立了一对石犀和华表，在东门外面设立了石佛龛一个。献陵是唐十八陵中唯一使用石虎、石犀的墓园，其中的一件石犀和一件石虎分别于1960年和1959年入藏西安碑林博物馆。入藏碑林的石犀为神道左侧的犀牛，石虎是南门西侧的石虎。

献陵石犀原来头向东，右侧前后肢较左侧靠前呈行走状。石犀由整块巨石雕镌而成，造型生动。石犀鼻上有一像肉瘤似隆起的犀角，脚上有三趾，颈部堆着层层叠叠的褶皱，身躯上面布满了整齐的鳞甲纹，作缓步走动姿态。右前足石座侧面上有三行字，磨泐严重，依稀可见"□祖怀□□德"字样，原文应为"高祖怀远之德"。在移存前，石犀常年侧身倒伏在地，身躯几乎半掩土中，所以今天所见石犀身躯的右侧风化严重，左侧则较为清晰地分布着细密的鳞甲纹和不规则的圈纹。

在唐代，犀牛活动在长江以南的相当广阔的地区，包括湖南省南部和西部的一些地方，还有少量分布在我国的华南地区，大多数则生活在南亚、非洲等地，在关中是难以看到犀牛的，一般所看到的犀牛多数为进献来的贡品，弥足珍贵。今天亚洲还生存有苏门犀、印度犀和爪哇犀三种犀牛，前者是双角犀，后两种为独角犀，献陵石犀的原型很可能表现的就是爪哇犀。

唐朝人可能从来没有捕捉过大唐境内的犀牛，在当时长安所见到的可以用来表演的犀牛基本都是外来的异物，而驯犀作为一种独特的艺术门类，多是外藩献给唐朝皇帝的礼物，其中最重要的地方就是位于大唐南边的国家负责贡献的。元稹《和李校书新题乐府十二首·驯犀》云："建中之初放驯象，远归林邑近交广。兽返深山鸟构巢，鹰鹯鸜鹆无羁鞅。贞元之岁贡驯犀，上林置圈官司养。玉盆金栈非不珍，虎啖狌牢鱼食网。渡江之橘逾汶貉，反时易性安能长。腊月北风霜雪深，踠跧鳞身遂长往。行地无疆费传驿，通天异物罹幽枉。乃知养兽如养人，不必人人自敦奖。不扰则得之于理，不夺有以多于赏。脱衣推食衣食之，不若男耕女令纺。尧民不自知有尧，但见安闲聊击壤。前观驯象后驯犀，理国其如指诸掌。"林邑（今天越南）是唐朝犀牛最重要的来源，在7世纪初年曾进献过犀牛，贞观十四年（640）又进献了十一头通天犀；贞元九年（793）再次进献了一头犀牛，这头犀牛还被陈列在了太庙之中，以供唐代皇家祖先们瞻仰。除了林邑国之外，还有瞻博、吉篾国、诃陵国也都向唐王朝进献过犀牛。甚至还有一个来自"波斯"的西方国家，历经万难给唐王朝进献了一头犀牛。在长庆四年（824），吐蕃给唐廷进献其他野兽时，也随之进献了一头犀牛。

犀牛作为亚热带生活的动物，在关中地区并不容易存活。据记载，有一头贞观十二年（638）送到长安的犀牛，到第二年就因酷寒交迫而死在了唐朝的兽苑之内。当然还有一些犀牛适应了关中的气候，可以健康的生活，比如唐玄宗时，有时候举办的一些宫廷宴会上就会有犀牛表演以助兴。

犀牛作为一种关中地区珍奇的动物，同时也和国家之间的交流具有密切的关系，而在献陵中刻立石犀，应该是有多方面考虑的。

献陵这件石犀虽然体型高大，但比例却比较恰当，显得华丽大气，反映了当时的雕刻家对这种动物造型的整体把握。他们并不过分注重细部的精雕细琢，但在表现犀牛特点的关键面上，处理手法极为高超，例如全身迭复的厚皮及项部下垂的厚皮，雕刻得简洁而生动；身体上的鳞甲纹和圈纹，给人在视觉上形成一种花斑的感觉，从而部分弥补了雕刻不能表现色彩的缺陷。这头石犀有可能是以当时国外进贡的驯犀为原型塑造的，那么石犀身躯上面的鳞甲纹和圆圈纹也有可能是当时犀牛身上披悬的织物图案。不管怎么说，这是石犀的雕刻看起来惟妙惟肖，表现出了当时的艺术家对于犀牛这种外来异物的认识，当然在这种艺术化的创作中，有时也会加上自己的一些想法，所以这头石犀的特征和真实的犀牛外形之间就有了一定的区别。

昭陵六骏
唐太宗的亲密战友

唐（618—907）

每块高171厘米，宽205厘米
陕西省礼泉县昭陵遗存
现藏于西安碑林博物馆和美国宾夕法尼亚大学博物馆

唐太宗李世民《饮马长城窟行》："塞外悲风切，交河冰已结。瀚海百重波，阴山千里雪。迥戍危烽火，层峦引高节。悠悠卷旆旌，饮马出长城。"在中国历史上，唐太宗和贞观之治一直都是后人津津乐道的一个时代。从秦王到帝王，李世民一生的文治武功不但成为大唐帝国的典型代表，也是今天中华儿女以唐人指称的源头之一。

在唐帝国的建国过程中，李世民领兵平定天下，先后指挥了多次大战，为李唐的建立奠定了基础。作为一位马上皇帝，李世民最亲密的战友之一

● 什伐赤

● 拳毛䯄(现藏于美国宾夕法尼亚大学博物馆)

● 特勒骠

● 白蹄乌

无疑是陪伴他冲锋陷阵的战马,在他卓著的军功谱上,一匹匹坐骑的身影显得如此夺目而珍贵,即使太宗长眠在了昭陵也有随他征战天下的骏马日夜相伴。

昭陵是太宗的陵墓,坐落在陕西省礼泉县城东北的九嵕山上,是陕西关中"唐十八陵"中规模较大的一座。这里地势高耸,远望雄伟壮观,相传太宗在生前便给自己选择了这里作为他陵寝的所在地。昭陵不但在选址

● 青骓

● 飒露紫（现藏于美国宾夕法尼亚大学博物馆）

上考虑了天时地利的因素，同时在陵墓制度上采用了依山为陵的作法，为唐陵的基本模式奠定了基础。依山为陵，就是把墓穴开凿于半山腰中，以高大的山体为坟冢，围绕着山陵又修建有陵园、门阙、寝殿等，在陵园内部还分布着各种石雕，共同构成完整的墓园布局。

在昭陵北司马门处，左右两列有六块石屏，一屏一马，均匀镌刻着太宗曾经的六匹坐骑，这六匹战马陪伴着太宗立下赫赫战功，先后征战沙场，太宗对这些战马感情颇深,下令"朕所乘戎马,济朕于难者,刊名镌为真形,置之左右",故此在这个世界上有了昭陵六骏。

贞观十一年(637),太宗命令把他征战所骑的六匹战马雕刻在昭陵以纪功,据说六骏图案由初唐著名画家阎立本起样,之后由工艺家阎立德指导良匠刻成高浮雕,太宗亲自为每匹马撰写了赞词,最后由欧阳询将赞词书丹于石屏之上,可谓是集万千荣耀于一身。六骏石屏每块高约171厘米、宽205厘米、厚30厘米,是典型的纪念性雕塑。六骏马头均朝向南边的陵寝。从南向北,西侧依次是飒露紫、拳毛䯄、白蹄乌,东侧依次是特勒骠、青骓、什伐赤。经过千年历史的风云变化,风雪侵蚀,在六骏石屏上的题记文字已经磨泐消失不见了,只不过战马的斑驳身影依旧俊朗而矫健。六骏原来放置的地方建有廊房加以保护,并有十四个蕃酋像同时陈列于此,二者共同成为唐帝国文化景观上的丰碑,彰显着唐太宗的文治武功而昭示天下。

《旧唐书·北狄传》记载:"骨利干北距大海,去京师最远,自古未通中国。贞观中遣使来朝贡。……俄又遣使随苏密使入朝,献良马十匹。太宗奇其骏异,为之制名。号为十骥:一曰腾霜白,二曰皎雪骢,三曰凝露骢,四曰悬光骢,五曰决波騟,六曰飞霞骠,七曰发电赤,八曰流金䯄,九曰翺麟紫,十曰奔虹赤。"唐太宗爱马如痴,除了十骥,更以六骏名声最大。什伐赤产于波斯,乃李世明平定王世充所乘。特勒骠产于突厥特勒,乃平定宋金刚所乘。拳毛䯄乃平定刘黑闼所乘,白蹄乌乃平定薛仁贵所乘,青骓乃平定窦建德所乘，飒露紫乃平定东都所乘。六骏名称可能均来源于突厥语，飒露紫意为勇健者的紫色骏马，青骓意为来自西方大秦的骏马。六骏中三匹做奔驰状，三匹为站立状；另六骏中有四匹中箭。六骏石刻神态或凝重，或嘶鸣，形神各异，栩栩如生，真实简练地表现了隋唐之际优良战马的形神特征。无论是忍痛拔箭的飒露紫，中箭犹自从容的拳毛䯄，还是带箭飞驰的什伐赤、青骓，都把人们带回到那个剑戟林立、矢飞如雨的古战场。

六骏中，关于飒露紫的记载最具传奇性。武德四年（621），李世民领兵征讨王世充，在邙岭会战中，李世民与随从失散了，当时仅有大将丘行恭跟随在身边。李世民所骑飒露紫中箭，丘行恭挡住强敌，下马为其拔箭，飒露紫前腿挺立，身躯微向后倾，忍受着巨大的痛苦配合拔箭。之后，丘行恭将自己所骑的马让给李世民，然后徒步与敌人作战，突围而归。六骏石刻中唯一有人物形象的，就是丘行恭，而飒露紫浮雕表现的正是拔箭瞬间的情景，将丘行恭的沉着冷静和战马的不屈不挠真实地呈现了出来。

六骏石刻表现的是一个沙场驰骋的英雄时代的象征，这在唐代诗歌中屡有表现。李商隐《复京》："天教李令心如日，可要昭陵石马来。"韦庄《闻再幸梁洋》："兴庆玉龙寒自跃，昭陵石马夜空嘶。"李贺《马诗二十三首》："唐剑斩隋公，拳毛属太宗。莫嫌金甲重，且去捉飙风。"后来著名文人苏轼亦曰："天将铲隋乱，帝遣六龙来。森然风云姿，飒爽毛骨开。"这些美妙的诗句，均赞美了唐太宗的叱咤风云、所向披靡的英雄气概，同时所要歌颂的还有贞观君臣所创建的清平盛世。

梁思成先生说道："唐代陵墓雕刻，尤有足述者，则昭陵六骏是也。"可惜的是，六骏中保存最好的飒露紫和拳毛䯄两石，于1914年被不法商人凿成碎块盗运出国，现藏于美国费城宾夕法尼亚大学博物馆。其余四骏当时也被打碎，在盗运时被当地有正义感的乡绅民众截获，现藏于西安碑林博物馆。连横曾作《关中纪游诗》咏叹此事："战罢归来血尚红，东西驰骋逐群雄。昭陵六骏今亡二，片石犹铭讨伐功。"我们期待，在不久的将来还有六骏真正重逢的一天。

阿史那婆罗门墓志
来自东突厥汗国的大唐刺史

唐（618—907）

边长47厘米
2005年陕西省西安市东郊征集

《阿史那婆罗门墓志》刻于唐永徽二年（651），盖题"大唐故屯卫郎将赠那州刺史阿史那婆罗门志铭"，5行，行4字，共20字，篆书；志题"大唐故屯卫郎将阿史那婆罗门墓志铭并序"，志文15行，满行15字，楷书，志文共计174字。无撰、书者姓名。

志主阿史那婆罗门是唐代东突厥汗国末代国君颉利可汗之子，本名咄苾，阿史那是东突厥汗国可汗的姓氏。颉利可汗是唐代东突厥的首领处罗可汗的弟弟，处罗可汗卒，义成公主以处罗可汗之子阿史那奥射设丑弱不

● 《阿史那婆罗门墓志》志盖拓片

适合立为可汗为由，改立时为莫贺咄设的咄苾即大可汗位，是为颉利可汗。唐武德三年（620），颉利可汗纳义成公主为妻，遣使入唐，告处罗之死。在颉利可汗统治时期，东突厥曾多次与唐朝发生战事。公元626年，发生了历史上著名的"渭水之盟"。唐太宗即位之初，颉利可汗和突利可汗联兵十余万人攻占泾州，进据武功，长安戒严，后又进寇高陵，泾州道行军总管尉迟敬德与突厥大战于泾阳，突厥大败，斩首千余级。颉利可汗又领兵至渭水便桥之北，派心腹执失思力入见太宗，执失思力夸口颉利可汗和

《阿史那婆罗门墓志》拓片

突利可汗将兵百万，唐太宗指责突厥负约，囚禁执失思力。唐太宗亲出玄武门，率高士廉、房玄龄等至渭水边，后者见执失思力不返，唐军赶至，军容甚盛，面有惧色。唐太宗让诸军暂退布阵，他自己独自与颉利可汗隔水而语，颉利可汗请和。双方在渭水便桥斩白马订盟约，突厥军队撤离唐境。贞观三年（629）十一月，唐太宗下诏令李世勣为通汉道行军总管、李靖为定襄道行军总管等分道出击突厥。贞观四年（630）正月，大将军李靖率军大破定襄颉利可汗牙帐，颉利可汗逃窜铁山，派遣执失思力入见谢罪，请举国内附，身自入朝，实怀犹豫。李靖乘胜追击，颉利可汗脱身而去，后被大同道行军总管张宝相擒获，从而彻底消除了东突厥对唐王朝的威胁。

颉利可汗被捉到长安城后，唐太宗引见于顺天楼，数以"五罪"。颉利可汗在唐朝郁郁不得意，经常与家人相拥而泣，太宗见颉利可汗容貌羸惫，心生怜悯，便以其为虢州刺史，因为虢州地多麋鹿，可以游猎，但是颉利可汗推辞不受，太宗复授予三品右卫大将军职位。但是，习惯了游牧生活的颉利可汗对长安城的生活很不适应，最终在贞观八年（634）卒于长安。唐太宗命国人按照东突厥的习俗，焚尸葬于灞水之东，令中书侍郎岑文本制颉利墓碑，并追封他为归义王，谥曰"荒"。千百年来，关于颉利可汗的葬地多有揣测，其子墓志的出土，为研究者提供了重要线索。唐太宗死后，高宗皇帝命人在唐太宗昭陵祭坛内，置十四尊太宗时期归化的诸蕃首领的石像仪卫，突厥占了四位，皆在北司马门南部的东侧，其中就包括颉利可汗阿史那咄苾。

根据史书记载，颉利可汗有二子，一个叫迭罗施，另一个叫欲谷设。近年在洛阳出土了一方阿史那感德墓志，记载颉利可汗曾有一子名阿史那特勤。这方《阿史那婆罗门墓志》记述志主为"右卫大将军归义荒王咄苾之子也"，说明颉利可汗之子尚有阿史那婆罗门，这对我们研究颉利可汗的家族世系极为重要。

阿史那婆罗门的名字婆罗门，原本是印度种姓制度中一个阶层的名称。

据有关专家考证，从唐到五代之际，婆罗门一名常见于当时的北亚及西域地区。志主所任之屯卫郎将是唐代的正五品武官，日常司职宫廷戍卫，为南衙禁军之列。阿史那婆罗门死后被唐廷赠予"使持节那州诸军事那州刺史"的荣衔。

此方墓志体量不大、字数不多，但其中许多内容可补史书有关突厥材料之不足，为研究东突厥颉利可汗的家族世系、入唐后的处境及归葬地等方面提供了重要线索，具有很高的史料价值。

高铙苗墓志
初唐入华的高句丽遗民

唐（618—907）

边长57厘米
出土于陕西省西安市南郊

唐高宗总章元年（668），唐朝联合朝鲜半岛东南部的新罗攻击高句丽，高句丽亡国。其年九月，高句丽王高藏投降，唐将李世勣押解高藏及其子高福男、高德男，大臣男建等二十余万众返回京师。十二月，分高句丽五部、一百七十六城、六十九万余户，为九都督府、四十二州、百县，在平壤置安东都护府以统之，擢其有功酋帅为都督、刺史、县令，和汉人一起参与管理。以右威卫大将军薛仁贵检校安东都护，总兵二万人以镇抚之。总章二年（669）四月，唐朝将高句丽遗民发配到江淮、岭南、山南、京西诸

《高铙苗墓志》志盖拓片

● 《高铙苗墓志》拓片

州空旷之地,高句丽的军将贵族则大量安置在长安、洛阳一带。他们离世后,也大都埋葬在都城长安及东都洛阳附近,如西安城东灞桥区的高句丽末代国王高藏墓地,河南洛阳市孟津县的泉男生、泉献诚、泉毖祖孙三代墓址等,还包括西安市南郊出土的《高铙苗墓志》。《高铙苗墓志》盖题"大唐故左领军员外将军墓志",4行,每行3字,篆书。志文共14行,满行15字,楷书。撰、书者不详。志石四侧均线刻卷叶纹。志主高铙苗是一位初唐时期入华的高句丽遗民。高铙苗出生并成长于高句丽。

唐王朝建立之初，朝鲜半岛三国之中最早遣使通好的国家就是高句丽，唐初与高句丽一直保持着相对和平的关系，维持较为安定的局面。唐太宗贞观五年（631）之后，双方矛盾逐渐激化，唐太宗诏遣广州都督府司马长孙师前往高句丽收瘗隋时战亡将士的骸骨，毁尸骨所立京观，高句丽王建武惧怕唐朝讨伐，于是广筑长城，至贞观十三年（639）连续9年未再朝贡。泉盖苏文夺权之后，一改亲唐倾向，且与百济联合进攻新罗，贞观十八年（644），唐朝派遣司农丞相里玄奖前往高句丽调解，泉盖苏文不从，相里玄奖还唐后具陈其状，唐太宗决意亲征，唐与高句丽的战火就此点燃。同年十一月，唐太宗诏命刑部尚书张亮为平壤道行军大总管，李世勣为辽东道行军大总管，率水陆大军分道进击高句丽。其后唐太宗、唐高宗陆续对高句丽发动攻击。此时，已经成年的高铙苗作为一名高句丽军人，参与了两国之间的战争。两国之战，以唐王朝获胜为多。其间，唐王朝多次接收高句丽将领和贵族的投诚，并授予他们官职以示安抚和嘉奖。

唐高宗乾封元年（666），高句丽发生内乱，泉盖苏文去世，其子泉男生为二弟泉男建逼迫而降唐，唐高宗派遣契苾何力、庞同善等进攻高句丽，援救泉男生。同年十二月，唐高宗任命李世勣为辽东道行军大总管，讨伐高句丽。经过一系列的战斗准备，于总章元年（668），展开对平壤的总攻。在此之前，由于高句丽政权发生内讧及一大部分将领倒戈，其势力已经遭到严重削弱。在最后围攻平壤城的关键时刻，高句丽军队中担任捉兵总管的僧信诚又密遣一人给唐军送信，称愿做唐军内应。五日后，当李世勣率军兵临城下时，高句丽僧信诚打开城门，唐军冲进城中，攻克平壤，俘获负隅顽抗的泉男建，平定高句丽。在中国史籍《资治通鉴》中，只有僧信诚作为唐军内应打开城门的记载，而成书于12世纪中叶的韩国史书《三国史记》则更加详细地记载了这一事件，甚至明确记录下当时担当内应负责打开城门的为小将乌沙、饶苗。后者就是此墓志的志主高饶苗。李世勣率领的唐军大获全胜后，俘虏了高句丽宝藏王、王子、大臣、降将等二十余万人回唐。唐朝对这些高句丽战俘、降将加官进爵，以作安抚。协助打开城门的小将高饶苗也来到了长安，他被封为从三品的左领军员外将军。唐朝时左右领军卫各置将军二员，主守皇城西面及京苑城门。员外将军是在编制之外设置的，一般不理事，俸禄只有正员的一半，是安置闲散人员和勋臣的一种官职。这应该是对高饶苗担当唐军内应的褒奖。

咸亨四年（673）十一月十一日，高饶苗终于私第，唐朝恩诏葬于长安城南原。墓志并未说明高饶苗的死因，亦未提及他的家世、生平、年龄等，志文起首记叙高饶苗跨越沧海而来，仰慕唐风而入仕，最后铭文强调其投诚天阙，有始有终地描绘出高饶苗自愿归附唐朝的形象。

苏谅妻马氏墓志
大唐与波斯文化关系的物证

唐（618 — 907）

边长39.5厘米
1955年出土于陕西省西安市城西

《苏谅妻马氏墓志》刻于唐懿宗咸通十五年（874），志石以汉文和波斯婆罗钵文（或巴列维文）合刻。志文上半部为婆罗钵文，6行，横书；志文下半部为汉文，7行，直书。

墓志保存了波斯婆罗钵文的字形和文意。志文中的汉文刻"左神策军散兵马使苏谅妻马氏，己巳生，年廿六，于咸通十五年甲午岁二月辛卯建，廿八日丁巳申时身亡，故记。"从志文可知，苏谅妻马氏是一个侨居唐朝的波斯人，是萨珊波斯的遗民，一名祆教的信仰者。古波斯发源于今天的

《苏谅妻马氏墓志》拓片

伊朗高原，其名称来自于一个叫帕斯的地区。在希腊语中意为"马夫""骑士"。从公元前 6 世纪开始，到公元 651 年，波斯先后经历了阿契美尼德王朝、安息王朝和萨珊王朝三个强盛帝国的更迭。祆教即拜火教，由波斯人琐罗亚斯特所创立，早在波斯阿契美尼德王朝（约前 550—前 330）时期，该教已经作为国教。波斯萨珊王朝（224—651）时期，和中国的友好往来比较频繁。公元 5 世纪中叶，萨珊波斯与北魏王朝建立了直接的联系，波斯使团先后到达过北魏平城（今山西大同）和迁都后的洛阳。萨珊王朝大力宣扬波斯文化，商旅络绎不绝。拜火教传入中国，应该就在这一阶段的南北朝时期。北魏永熙三年（534），分裂为东魏和西魏，柔然控制西域通道，波斯与东西魏的交通曾一度中断，隋时有短暂交往，因为战乱而终止。唐时，萨珊波斯受到阿拉伯半岛大食人大举进攻，波斯遣使入唐请求支援，公元 651 年，萨珊国王伊嗣俟逃至吐火罗木禄城被杀，萨珊波斯灭亡。唐朝长安具备对各种宗教兼容并包的气度，亦是祆教在中国传播的黄金时代。唐时，凡波斯人在华的集居地多建有祆教寺院，在唐长安城的布政坊、醴泉坊、普宁坊、靖恭坊和崇化坊都设有祆祠，颇得唐王朝优待。

从墓志可以看出，苏谅妻马氏逝世的时候，距离统治波斯 4 个多世纪的萨珊王朝被大食（阿拉伯）铁军冲击并灭亡已经 200 多年了，但是来自波斯的祆教徒们仍然保留着他们古老的信仰，而且还继续使用本民族的官方文字婆罗钵文。苏谅的官衔是"散兵马使"，婆罗钵文作"神策军骑长"，据学者考证，应该缘于贞元三年（787）唐朝检括西域胡客，停止鸿胪寺继续供给在长安拥有田宅者，使他们分隶于神策两军，其中身份为王子、使者的任散兵马使，其余为卒。神策军在初成立时，是强有力的军队，后来成为皇帝的禁军。《苏谅妻马氏墓志》中汉文和婆罗钵文合璧，这是一件研究唐代中国和波斯文化关系的珍贵文物。

萨珊王朝灭亡

7世纪初，阿拉伯人穆罕默德创立了伊斯兰教，他率领信徒征服了整个阿拉伯半岛，建立了阿拉伯伊斯兰神权国家，中国文献中称为大食。公元632年，穆罕默德的继承人自称哈里发，首先攻占了地中海东岸东罗马的领地，接着向东进攻。公元632年，伊嗣俟即位为萨珊国王，公元637年，大食攻占了萨珊都城泰西封（今巴格达附近）。公元651年，伊嗣俟逃到吐火罗的木禄城被杀害，萨珊王朝灭亡。

米继芬墓志
米国贵族在长安的质子生涯

唐（618 — 907）

1955年出土于陕西省西安市三桥

《米继芬墓志》刻于唐永贞元年（805），1955年在西安市三桥出土。志石呈方形，盖题"大唐故米府君墓志铭"，3行，篆书。志题"大唐左神策军故散副将游骑将军守左武卫大将军同正兼试太常卿上柱国京兆米府君墓志铭并序"。志文记载了米继芬的族属和家庭情况。米继芬的父亲突骑施是在唐帝国的威力下，以米国王子的身份来华的质子，也就是今天所说的人质，是武散阶正二品辅国大将军，正式官职是正三品左领军卫大将军。米继芬在父亲突骑施之后，继续以质子的身份入侍大唐，最后以92

岁的高龄卒于长安。

质子制度在两汉时期初步形成，在魏晋南北朝时期得以延续，发展到隋唐时期，在遣子入质的国家和入质人数上都称得上空前之多。唐代纳质制度早在高祖年间就已出现，太宗、玄宗时期最多。隋、唐两代管理质子的机构仍为鸿胪寺，质子被纳入唐的官僚体系中。唐朝在对四夷质子的管理上，有明确的法规制度，同时建有相应的机构去执行并监督。质子在唐的一切活动都有章可循，有专门的中央和地方机构为其提供食宿，有些质子在唐朝还拥有自己的宅邸。总的来说，唐朝对于四夷来华的质子比较优待，质子的生活环境也较为宽松。唐代的许多藩国都忠实地履行纳质义务，这些为数众多的质子将外来的文明传入中原，为中外文化交流做出了积极的贡献。

唐时在西域实行羁縻府州制度，西域各国首领必须向唐朝履行纳质等义务。随着唐在西域影响的扩大，西域各国纷纷遣送王子入唐宿卫。8世纪中期，大食（中国唐宋时期对阿拉伯帝国的称呼）向东扩展领地，中亚等国纷纷向唐王朝求救，唐、大食、吐蕃等屡次在西域发生冲突。为了巩固西域各国的联盟关系，防止叛变分裂，唐政府在册封西域诸国首领的同时，继续实行体现唐朝宗主权的质子制度，即由西域诸国派遣王室成员进入长安作为质子。米继芬家族的两代人就是以这样的身份入唐的。

米继芬跟随父亲进入长安后，又继承了其父的质子身份，身处禁军，孝以敬亲，忠以奉国。米继芬的正式官职，应该是左神策军左副将，但他

《米继芬墓志》志盖拓片

在皇家神策军中并非主要负责军官,应该只是充一名闲散的副将而已。

米继芬来自西域米国,为中亚昭武九姓中的一国,在中国史籍中被称为昭武九姓、九姓胡、杂种胡、粟特胡等。粟特人本土的主要范围大致在今天的乌兹别克斯坦,部分在塔吉克斯坦和吉尔吉斯斯坦。在这些地区大小不一的绿洲上,分布着以撒马尔罕为中心的康国、以布哈拉为中心的安国,还有东曹国、曹国、西曹国、米国、何国、史国、石国等城邦国家,被称为昭武九姓。唐代西域国家的音乐、绘画、宗教等传入中原,有些东

《米继芬墓志》拓片

西就是质子带来的。

米国在唐代和中国的文化关系非常密切，据史书记载，唐开元时，米国遣使献璧、舞筵、师子、胡旋女。还有不少米国人在大唐留下了他们的美名，比如长安的一对音乐家父子：歌唱家米嘉荣，擅长琵琶的米和。米嘉荣为中唐歌唱能手。唐代著名诗人刘禹锡有《与歌者米嘉荣》一诗：唱得凉州意外声，旧人唯数米嘉荣。近来时世轻先辈，好染髭须事后生。其子米和亦擅长音乐。

米继芬以92岁的高龄卒于唐国都长安城醴泉坊，坊中有波斯胡寺，又有祆祠，韦述《两京新记》卷三就记载长安醴泉坊西门之南有一所祆祠，又记仪凤二年（677）波斯王卑路斯奏请在醴泉坊建波斯胡寺。醴泉坊中应该有许多西域人共同居住。米继芬有两个儿子，长子米国进，任右神威军散将，即禁军中散将。次子为大秦寺的僧惠圆。米继芬的幼子住大秦寺，可能是一个信仰景教者。

黑衣大食

公元750年，阿卜勒·阿拔斯灭掉乌玛亚王朝，建立了阿拔斯王朝（750—1258），比较稳固地统治了东部伊斯兰世界，这就是唐代史籍所称的"黑衣大食"。阿拔斯王朝第二代的哈里发曼苏尔在公元762年在底格里斯河中游的巴格达建立了新的都城——平安京。

交脚弥勒造像

佛陀的辫子

北魏（386 — 534）

高93厘米，宽61厘米
出土于陕西省西安市

这尊交脚弥勒造像乃单面造像，为矩形砂岩，上部略窄。造像图像从上至下可分为三个单元，上面是佛传故事，中央是主体造像，下面是供养人图像。刻画佛传故事的部位有所漫漶，但还是可以看出整幅构图表现的是白马吻足的画面，这尊造像把白马吻足的故事刻在主尊上方，突出了装饰性的功能，同时反映出了小乘佛教思想的遗留。

中间部分乃是主体所在，采用的是云冈模式中的龛形造像，主尊菩萨头戴化佛宝冠，头像两侧有粗大的发辫斜垂而下，衣着褒衣宽带，衣带从

交脚弥勒造像碑

肩头下垂，然后从内侧绕过膝盖缠绕而上，双手相合，手掌之间握有法器。在主尊菩萨像两侧，各有一个站立的侍者形象，左边的左手执叶形羽扇；右边的右手前伸，左手扪心。在主尊像上方的龛楣刻有忍冬纹，在忍冬纹的两侧各有一个舞动的乐伎，伎乐下面两侧是随乐而舞的飞天，飞天形体腰身纤细，腿脚回折、帔帛直翻、脸型瘦长、臀部外凸。在造像的下部是供养的主题，画面中间是力士头顶香炉，香炉类似汉晋时期的博山炉。在其两边是两个供养人，供养人着汉式服装，供养人两边是两个护法的狮子，右边狮头面向前方，神情栩栩如生；左边狮头部剥泐。

云冈中期开始的佛龛雕凿中，如果雕刻戴冠呈交脚姿势，大多都是造出盝形帷幕龛；如果座旁或脚下有双狮的背景式龛形，则点明了这是身处佛国缤纷和奢华中等待下生人间主持教化的弥勒。

云冈后期在时间上主要是北魏迁洛之后的遗迹，功德主要的是清信士、佛弟子之类的一般佛教徒，还出现了一些更落后的民族铭记，佛教逐渐深入到了下层，北魏佛教更加蔓延起来。在这个时期，佛像和菩萨规模较小，但人物形象清秀俊美，面相消瘦、长颈、肩窄且下削，比例适中，是中国北方石窟艺术的榜样。尽管这种雕像出现在龙门，但它的酝酿形成是在云冈晚期，交叉穿壁装菩萨最早也出现在云冈晚期。飞天的服饰基本同以前一样，但早中期露脚，晚期不露脚。西安碑林所藏的这尊北魏弥勒造像正是云冈模式传到关中地区后的产物。对比云冈石窟后期的造像特点，尤其是飞天的造型，可见这尊弥勒菩萨造像虽然还保留着云冈中期的一些特点，但应该是在494年之后修凿的。北魏景明年间修凿的刘保生造像中的服饰和迁都洛阳后孝文帝实行的"革衣服之制"息息相关，对比刘保生造像和这尊弥勒菩萨造像中的供养人服饰，不难发现二者的着装如出一辙，据此可以推断弥勒菩萨造像的年代当是属于477年到507年之间。根据这个判断，我们再结合上文飞天形象的年代，可以推定这尊弥勒菩萨造像的年代范围应当在494年至507年之间。

在犍陀罗艺术中，菩萨像一般以世俗的王侯像为原型，尤其是发辫垂肩更是犍陀罗造像中独特的一个特征。这尊造像衣纹呈双棱状凸起，每条线纹呈变形的S形相连，衣纹分叉时作燕尾状，这种线条一般认为属于凉州模式。在北魏交脚弥勒像中可以看出，双腿间的垂饰物有时是明确的表现为放射形的裙带，有时则被处理为裙下部的放射形垂褶，这种放射状呈扇形的裙带、裙褶和衣角，在造像上有着特殊的意义，护法狮子头部面向前方，这些衣装和狮子造型依然可以看出犍陀罗艺术的影子。

这尊弥勒菩萨造像主要属于云冈模式的产物，同时还有着犍陀罗和北凉模式的艺术风格。除此之外，这尊造像还深受北魏时期人神合一的佛陀化的帝王像或帝王化的佛陀像的影子。在这尊弥勒菩萨造像中出现的两条粗大的发辫，可能和鲜卑族族人的传统有关联，在造像中特别塑造的两条束发长辫突出的正是表明这尊弥勒造像的鲜卑色彩，结合云冈表现的人佛合一的思想，这尊造像所要表示的可能也是这样的观点。当然不能确定这尊造像是否是以帝王的容貌塑造的，但这两条发辫正是指明这尊造像的帝王化身份，可以说这尊造像借用了犍陀罗的艺术风格来表达佛陀的帝王化特点。

从北魏造像题记中的信仰来看，北朝民众注重宗教行为，重视建立功德，求福未来生活之希翼。北朝佛教以象弘教，并在要塞通途修凿石窟，是北朝佛教的一个明显特征。以帝王形象造佛，礼天子即礼佛，充分反映了北朝率先把象教纳入国教轨道的特点。宗教性和世俗性、民族性与外来因素，往往是相互交融的。太武帝之后到孝明帝的时代，北魏皇帝都还以北凉模式或犍陀罗模式统治北魏，这也说明犍陀罗模式是北魏承传北凉的最主要的教化模式，而云冈的护法模式就是最明显的证据。

孝文帝的改革在争取正统王朝的背后，他的礼教文治乃至迁都也含有扭转早期拓跋国家性格的用心。所有的一切只有一个目的，就是将自己彻底转化为一个正统的汉族皇帝，以此来宣示北魏取代是西晋，包括其领域和文化的正当继承者。北朝民众或希望皇帝、国家可以同享造像所生的福庆，或祈求皇帝统治延续无穷，表达了对最高统治者皇帝的认同。祈愿亦揭示出对国家、皇帝的理解，他们印象最深的是皇帝，表现出一种积极的归属感。北魏时期人们通过佛像感知佛的时候，把维护佛法的皇帝视为理想中的统治者加以崇拜，而这也正符合民间社会对权力的仰望和渴求。

从这尊弥勒菩萨造像可以看出，这尊造像的帝王化特征主要是用鲜卑族传统的束发长辫来暗示的，这不仅体现出民众对国家的认同，也表达出普通民众对王权的崇拜，同时也说明了普通民众对转轮王即佛观念的一种朦胧感受。中古社会处于观念大变动的时期，儒道佛传统民间信仰不同程度上都对民众的思想世界产生了影响，不同观念的交织正构成中古信仰的多面性，而这也正是这一阶段民众思想的魅力所在。

● 藤井有邻馆藏铜菩萨立像（五胡十六国时期）

日本京都藤井有邻馆藏弥勒菩萨立像

这尊弥勒菩萨立像高达33.3厘米，属于公元4世纪前后的作品，像顶束扇形发髻，发辫垂肩。三原出土的弥勒菩萨立像，上袒下裙，斜披条状纹络腋，衣褶呈U形纹，但无背光，披帛表现为双肩下绕式，此种表现当是三原像作为中国早期弥勒造像的图像特征，具有浓郁的犍陀罗风格。三原像应为中国仿犍陀罗风格而制，是对犍陀罗造像的模仿和简化，同时亦或融合了同时传入中国之秣菟罗造像的表现手法。

茹氏一百人造像碑
混合信仰中的祆教

北魏（386 — 534）

高153厘米，宽77厘米
西安碑林博物馆旧藏

在北朝造像中，关中地区比较特殊的一点就是发现有数量颇多的佛道合一造像，即在一方造像镌刻时，造像碑的图像和文字题记既有佛教的内容，亦有道教的信息，而北魏的这件茹氏一百人造像碑则属于其中最具典型的代表。

茹氏一百人造像碑，刊刻时间为北魏正光三年（522），是一尊四面造像。造像碑碑阳上部分是圆形龛，龛内造像头戴道冠，修眉大眼，眉间有白毫，身着双领交叉袍衣，右手执扇，左手施与愿印，下颚留有长须，结跏

跌坐。龛内刻有卷叶纹，两侧刻有飞天。龛外两侧各立有一个协侍，协侍褒衣博带，左边的手中端着杯子，右边的手中捧有一未知名器物，上方刻有飞龙，下方各刻有狮子图像。龛上刻有四条舞动缠绕的游龙，在龙中间的间隙刻有鹦鹉、兔、羊和猴子等图案；左右各有半人神像，再外侧分别为日月，在日月的圆环内分别刊刻有蟾蜍、金乌的形象。在早期造像中，一般认为道教造像的基本特征是着道冠和道袍，额下有胡须，手中持有扇子或拂尘，而茹氏一百人造像碑阳的主尊当是题记中所讲到的老子像。

造像碑碑阴上部是盝顶龛，龛内刊刻的主尊像坐于双象座上。主尊头戴花冠，高鼻深目，眉间有白毫，着双领窄袖衣裙，双手紧握牵象缰绳，腰束宽带，有长飘带绕肩下垂着地，下着裤，双手放膝下，裸足踏于山岩上。两协侍残缺不全，着长衫束腰，手中持物。龛左上

● 《茹氏一百人造像碑》　　　　　　　● 《茹氏一百人造像碑》（背面）

方刊刻一鹦鹉，下方刊刻一公鸡；龛右上方刊刻一凤凰。龛两侧各雕刻一个甬钟，龛下刻有五排供养人。

造像碑左侧为圆拱龛，龛内刻有一尊神像，面颊丰满，修眉秀目，表情温顺，宽带束腰，看起来雍容华贵，下为发愿文。发愿文内容为"龙华三会，愿□道□正觉""夫大道洪远，非常情所徵，真觉体形，非□□□，老子诞生于西境，如应现于室"等，从文字记载来看，宣扬的和老子化胡的思想有关联，同时还有弥勒龙华三会的内容，说明了在此碑上面蕴含着复杂的民间信仰。造像碑右侧为尖拱龛，龛楣装饰火焰纹。龛内有造像一尊，身着双领下垂袈裟，右手施无畏印。下方雕有两兽，一做走动状，一伏于

● 《茹氏一百人造像碑》（侧面）

地。最下方也刊刻有五排供养人。在碑右侧的造像是佛像，左侧的图像虽然头戴宝冠，但是到底表示的是什么性质，目前来看还无法确认。

关于此尊造像碑的性质，有的学者以为是佛道合一造像碑，而施安昌先生则指出此尊造像碑的主旨是属于祆教性质的。在碑阳龛额的下层，中心部位刊刻的是花朵，在花蕊中有火焰升腾而起，两旁有半人半鸟的神灵，这和碑林藏北魏苟景墓志石侧面的图案十分相似。在造像龛下方有一个火坛，在火坛基座上镌刻有一个神首，从造型来看，此神首属于人身鸟爪。综合这几个图像因素来看，这种人鸟状的神灵应该是祆教中的神灵。

碑阴的主尊造像，亦疑似为祆神。在主尊像上，头戴一个高耸的帽子，帽顶装饰有螺圈的纹样，这和萨珊波斯时期钱币上面所塑造的王冠很接近，而主尊像的着装也和萨珊王朝的贵族服饰十分相似，这些似乎都说明了此尊造像主尊的属性。主尊像坐在头象座上，这种坐在连体双头动物身上的图案，经常是祆教诸神的标识之一，这在粟特地区的诸多遗存中多有发现，如马兹达和大象、密斯拉和马、娜娜女神和狮子、祖尔万和鹅等。在片吉肯特发现的一件6世纪的陶雕上，有一尊神像的坐骑也是双头象，经过学者认定此尊神像为祆教中的大神马兹达像。据此来看的话，这尊造像碑阴的主尊像表示的也应该是祆教的大神，而其来源无疑和粟特是密切关联的。

在茹氏一百人造像碑上，题记记载了参与镌刻造像的77人，其中茹姓达49人，他们的身份用语有邑师、邑正、但官、化主、典坐、唯那等，可见此造像碑是以茹姓为主刊刻的社邑造像碑。造像题记残缺不太完整，不过从残留的文字可知，主要内容讲的是从老子和如来谈起，诸多民众为了脱离地狱，升入天堂。在北魏时期，普陋茹氏改为茹氏，蠕蠕入中国，亦为茹氏，此碑所言的诸多茹氏应该是当时内附的柔然人。比照太原发现的虞弘墓志中的相关记载，此尊造像碑的性质当是祆教、道教、佛教三种宗教信仰互相混合的结果。题记主要是茹氏一族聚族结社，祈祆求福，同时也透露出在北魏时期关中地区佛道并存的环境中，祆教信众为争取自身发展而做出的种种努力。

祆教的起源和发展

祆教，又名拜火教，是一种发源于古代波斯的世界最古老的宗教之一。祆教是一种典型的二元神教，在神学上倡导一神信仰，但却主张善恶有源的二元神论。祆教创始人是琐罗亚斯德，他生活的年代大约处于波斯国家从游牧向畜牧经济转变的时期。琐罗亚斯德主张人民抵制杀害牲畜的迪弗教派，通过改造马兹达教，创立了祆教。流行于中亚和中国的祆教已经不是原始祆教的本来面貌，而是混合了祆教异端祖尔万派，又融入了一些西亚和中亚的神祇，已转向多神教。祆教在中国的社会走向是以胡俗的方式影响汉人，走向汉人的民间，汇入中土的民俗，渐渐民间化和佛教化，已经成为中国古代民间信仰的一部分。

北周五佛
印度佛教造像的长安模式

北周（557—581）

2004年出土于陕西省西安市灞桥区

2004年5月，在西安灞桥区湾子村的一处砖厂，工人用推土机取土时发现了五尊大立佛和四件莲花狮子座。这五尊立佛出土于土塬之上靠近崖边的坑穴中，除一尊平卧于坑底外，其余呈立姿埋于坑内，估计应为一造像窖藏。

这五尊佛像形体高大，连座高度均在2米以上，疑似当年的皇家寺院所供奉。这些佛像的基本特点为：肉髻低平，螺发，面部丰腴方圆，面带微笑，眉细长似弯月，下巴圆润丰满。部分佛像脖子处有蚕节纹，形体健壮饱满，腹部微鼓，姿态直立庄重。佛像的头与身体的比例约1∶5，头和手偏大。五尊佛像着通肩式大衣，领口呈不规则U字型，袈裟紧贴身体，

● 北周五佛

突出躯干。均为左手提袈裟一角，右手施无畏印。佛座为覆莲式或仰覆莲，基座为长方体，并且部分刻有花纹或文字。

　　这五尊佛立像按衣式可分为两类，一类着褒衣博带式袈裟，另一类为通肩袈裟。一类立佛有两件，体态壮硕，面部丰满，内衵右僧祇支，腰束带且于中间打结，结带为双层，呈倒"U"形垂于外层袈裟之上，延续了北魏以来秀骨清像的传统，不过在其造像基础上又有所变化。其中一尊佛像肉髻平缓，方形脸庞，眉细长，广目，鼻挺直，唇上刻两绺胡须，面露微笑。佛右手平肩前伸，施无畏印。左手平贴近腹部，手握衣角。袈裟表面多处残留的颜色说明当时的佛像曾涂金妆彩。二类立佛有三件，着通肩袈裟，轻薄贴体，凸显出人体的躯体轮廓，具有曹衣出水的特性，这类立像多是笈多马图拉湿衣佛像与中国南北朝佛像艺术手法相结合的产物，它们在发髻、衣纹、手势等特点上与笈多马图拉湿衣佛像非常相似。但二者并非完全一样，也存在些许差异，这些差异的存在也体现了北周五佛的本土化特征。其中一尊佛座有题记的立像佛跣足立于复瓣仰莲上，右臂残断，左手持握衣角。在佛体胸腹和双腿，雕刻数道平行"U"纹来表示袈裟的襞褶，同时也显得佛衣薄若蝉翼，轻柔贴体。裙摆外侈，垂于脚面。佛座通高43厘米，长75厘米，宽73.5厘米，除正面刻发愿文外，余三面虽均刻有界格但未刻字，正面发愿文共20行，满行12字，加上尾题为21行，共245字，铭曰：

夫真如冲寂，迈于玄象之表。至理悕微，出于言论之外。是以玉宫双树，标跡于前踪。沦没显现，再睹于今日。自非帝主钦明，辅相睿哲，孰能追寻妙状兴灭构立者乎？然苦海爱河，济涉者少。想欲尘累，生灭难除。如来大慈，哀深沉溺，以兹慧镜，照我娑婆。演以一音，随类斯解，迷子醒悟，方求彼岸。正信佛弟子张子开睹佛法重崇，像日再出，内发菩提，心念胜果。乃镌錾名山，机匠绝思，为七世父母敬造释迦玉像一区，姿容炳质，无异真形，至心供养，穷刼不尽。其颂曰：因缘难辩，世界谁寻？潜辉如昨，再见于今。法鼓斯震，玉树敷荫。众生归仰，万品濯心，穷山极虑，图写真容，合家供敬，瞻奉虔恭。嵩山可砺，心愿永懔。大象二年七月廿一日建

● 北周五佛（其一）

北周五佛（其二）

北周五佛（其三）

20世纪七八十年代以来，西安地区多次成批发现佛教造像窖藏，但其中北周大型佛教造像很少，有明确纪年的更少，而这尊立像的题记给我们提供了这批佛像的具体时代，具有标准器的重要作用。

北周王朝建都长安，它虽存在仅25年，但在佛教发展上是一个重要阶段。北周中前期，统治者普遍信奉和提倡佛教，故佛教盛极一时。因寺院经济的强盛，与统治者之间的矛盾日益尖锐。北周建德三年（574），武帝宇文邕下诏毁佛，是为"三武灭佛"之一。此次灭佛，对寺院和佛像造成巨大损毁。

这批佛立像的衣纹雕刻也颇具特色，其大多把衣襞分为胸腹和双腿两部分来刻划，胸腹衣纹或为平行"U"形，或为左右交错的半"U"形，也有从左胸向右下腹引出数道长弧线来表示。腿部的衣襞也以"U"形线或长弧线表示。最具特色的是，在双腿间必定雕出一大的衣褶，以其为中心形成双腿衣纹的两个平行的垂悬波谷，使双腿衣襞左右对称，排列整齐，但也流于程式化。刻铭为大象二年（580）的佛立像，双腿间的大衣褶为一笔直的长条棱，显得较生硬和呆板。就雕刻技法而论，这批造像在继承北魏直平刀法的基础上，又使用了圆刀法进行混合处理，使造像服饰趋于圆润，衣纹更加自然。特别是大象二年佛立像的衣褶，已经采用了向下凹入的圆刀法以及中凹边高的技法，衣纹更加舒展流畅，开唐代的新型佛像之先风。

这批北周佛像具有多种区别于其他地区的造像表现手法，如衣褶处理、手印身姿等，说明北周长安佛像在接受外来影响后，经过消化吸收而产生

北周五佛（其四）

● 北周五佛（其五）

出具有地域特色的新型佛像,已经初步形成了佛教造像的长安模式,进而对周边广大地区产生辐射与影响,而且这种佛像的诸多造像手法为以后唐代佛像所吸收,如胸腹和双腿衣纹分两部分雕刻,及以双腿间大的衣褶为中心双腿衣纹对称分布等,成为其来源之一。

在一类立像中有一尊面部保留着胡须造型,不知不觉中引起了大家的关注,而其艺术来源无疑和犍陀罗佛教息息相关。在犍陀罗地区,最早的佛陀形象是以王侯贵族的世俗样貌出现,特点是双眼圆露、面部蓄须。公元408年,迦毗罗卫国僧人佛陀跋陀罗在后秦僧人智严的邀请下从罽(jì)宾国来到长安等地译经。在他译出的《佛说观佛三昧海经》中记载了佛陀的长相,其中特意描写了佛陀长着胡须。佛像胡子的根源是出自印度犍陀罗初期的贵族形象,在佛像产生并传入中国汉地的五百年间,佛像的胡子已被多种地域文化、多种意识形态调和杂糅,从对某一人种长相的具象表现转变成为一个象征符号,被移植在符合当地审美观所创造出来的佛像上。

笈多佛像

贵霜王朝统治北印度300多年后,崛起的摩揭陀国消灭了贵霜王朝,而后重新统一印度,建立了一个强大的笈多王朝。笈多佛像指的就是笈多王朝统治时期流行的佛教造像艺术。笈多时代的佛教造像,不仅遵循了印度古典主义的审美,还继承了贵霜时代的犍陀罗等地佛教造像的艺术形式,创造了具有印度风格的笈多式佛像。笈多式佛像在肉体塑造中注入了沉思冥想的宁静精神,肉体美体现出精神美,成为精神美的直接表现,达到了高度和谐统一的境界,成为印度古典主义艺术的最高成就。笈多时代有马图拉和萨尔纳特两大造像中心,分别形成了笈多式佛像的马图拉样式和萨尔纳特样式。

大安国寺密宗造像
来自大唐皇家的供奉

唐（618—907）

1958年出土于陕西省西安市

1958年，西安市建设局在市区东北角一带修理地下水道时，发现了十余尊工艺精美的造像。不久，建设局即把此次出土的造像转交给了陕西省博物馆（今西安碑林博物馆）。这些造像互相叠压在一个圆形窖穴中，多有残损，它们的风格基本一致，均由汉白玉镌刻而成，属于唐代密宗一系的佛造像。据统计，这些造像共有11件，分别是宝生佛像、马头明王像、不动明王像、金刚像、文殊菩萨像、降三世明王像等。

宋敏求《长安志》载："朱雀门街东第四街，即皇城东之第二街。街东从北第一长乐坊，后改延政坊。大半以东，大安国寺。睿宗在藩旧宅，景云元年（710）立为寺，以本封安国为名。宪宗时，吐突承璀盛营安国寺，欲使李绛为碑文，绛不肯撰。后浸摧圮，宣宗欲复修，未克而崩。咸通七年（866），以先帝旧服御、及孝明太皇太后金帛、俾左神策军再建之。《酉阳杂俎》曰：红楼，睿宗在藩时造。元和中，广宣上人住此院，有诗名，时号为'红楼集'。"根据相关史书记载，这批密宗造像出土地位于唐代长安城的长乐坊内，应该属于大安国寺的遗物。

大安国寺在长乐坊的东半部，原来是睿宗李旦的本宅，景云元年（710）李旦即位后，这里就改建为寺院，以睿宗本来的"安国相王"的封号为寺名。大安国寺是长安城中最重要的寺院之一，它由皇帝宅邸改建而成，一直受到李唐皇室的关照，具有纪念旌表李唐复辟和革除武周旧政的政治象征意义，属皇家供养寺院。后来在唐武宗灭佛运动中，大安国寺亦没有逃脱被毁的命运，不过到了唐懿宗咸通年间得到了重建。晚唐时期的大安国寺，由于所处的地理位置，加上寺内的僧侣在佛学和政治两方面的优势，使得大安国寺成为唐长安城内最显赫的寺院之一，具有极其重要的地位。

大安国寺出土的这批密宗造像，总体来看形象各异，造型生动，根据密宗的相关思想信仰，造像将多头、多臂巧妙组合，使得整个造像在变化中有着一定的延续性。初盛唐的石雕造像，虽已经有了唐代艺术的开端，但还是保存着北朝的一些遗风，看上去稍显呆板，刀法刚直，衣纹多呈规律性的圆绳状分布，到了天宝时期强调写实的风格，追求更华丽繁琐的特征；中唐的造像形式化进一步加强，逐渐失去了活泼之风。据此来看的话，

● 菩萨头像

● 宝生佛造像　　　　　　　　　　　　　　● 宝生佛造像

大安国寺的造像属于盛唐末中唐初的可能性较大,个别的几件造像时代甚至会更晚一些。

在这批造像中,有几尊比较引人注目。宝生佛像头部残缺,现在高约67厘米,宽40厘米。在身躯上隐约可见鎏金痕迹,身着袒右肩袈裟,手施与愿印,左手握拳持大衣角举于左胸部,束腰部雕刻有7匹有翼卧马,结跏趺坐在莲花座上。宝生佛是密宗中的五佛之一,在金刚界曼荼罗中属于南方,唐代中晚期较多出现。一般来讲密宗五佛多是成组出现,推测当年大安国寺内应该有密宗的完整五佛存在。

文殊菩萨像高约75厘米，束发高髻，双目微合，面部神情祥和，上身着袈裟，下身着裙装，胸前的璎珞华丽繁复，左手持有上方托有经箧的莲花，身饰项圈、花环，肩披帔帛，这些都说明了此尊造像文殊菩萨的身份。在佛教造像中，菩萨一般都是以佛陀的侍从身份出现的，而此尊菩萨像以主尊形象出现，这可能和密宗的特殊教理有一定关联。

马头明王作为护法明王，在老百姓的思想信仰中影响不小。此尊马头明王造像高88厘米，双目圆睁，袒露上身，帔帛飘扬，三面忿怒相，束发戴冠，冠中有化佛形象，双牙上翘，看起来十分凶恶，台座上半部为仰莲形，下半部是岩石状，这种布局似乎寓意着马头明王是观世音的化身。整座雕刻线条洗练，动感十足，是唐代佛教艺术中的精美之作。

不动明王是五大明王和八大明王之主尊，是大日如来的教令轮身，属于著名的护法明王之一，而且不动明王和观音菩萨、地藏菩萨属于藏传佛教经典中的三尊主要佛像，在民间有广泛的信众。此尊不动明王像高62厘米，宽43厘米，发垂至肩，偏袒右肩，上衣斜披，下着摆裙，肩后飘扬帔帛，跌坐于岩座上。

在这些造像中，宝生佛像、文殊菩萨像、如意轮观音像都是圆形仰莲座，风格较为一致，疑似是一组组合。马头明王像、降三世明王像、金刚手菩萨都是属于明王座，石质基本相同，疑似是一组组合。故此有专家推测，当时的大安国寺里伽蓝七堂齐备，这批出土的造像可能不属于同一殿堂内的供奉物，制作的时间也略有前后出入。

观音菩萨坐像

马头明王像

不动明王像

　　由于获得皇室贵族和宰辅大臣等上层政治力量的支持,密宗于中唐时期的权势极大,持念僧担当了祈福、护国、禳灾的主力军,经常举行灌顶仪式。当时,许多士大夫都与密宗有深厚的关系,盛中唐古文学家李华是善无畏的灌顶弟子,吕向与杜鸿渐是金刚智的灌顶弟子,高适、严武、元载、王缙和严郢等一批宰辅近侍大臣是不空的灌顶弟子,翰林学士常衮和柳伉兼任密宗翻译道场的润文,杜黄裳与韦执谊向惠果学习持念法,权德舆入大兴善寺翻经院惠应之藩,裴休入安国寺传瑜珈教者端甫之藩,晚唐

不动明王像

降三世明王像

朝中贵族如刘异、崔寓、张同等围绕在大兴善寺智慧轮身边，诸如此类，朝野间与密宗来往的士大夫难记其数，亦可见此间密宗在士大夫阶层尤其上层贵族中有相当大的影响力。

一般的密宗寺院殿堂都摆布着大量的恐怖忿怒的造像，密宗僧传法灌顶的僧院也必设诸神像，图绘诸曼荼罗，这批大安国寺出土的诸尊金刚界曼荼罗造像即最有力的证据之一。正是这股潮流使得鬼神成为唐帝国寺院、石窟造像和壁画表现的重要对象，鬼神类文学作品也大量兴起。

开元三大士

唐玄宗开元年间三位印度僧人善无畏、不空和金刚智，他们来到中国传教，并创立了佛教密宗，经发展成为中国佛教八大宗派之一，佛教史上称这三位僧人为"开元三大士"。 开元初年（713），善无畏和金刚智携带经典先后自印度来到长安，善无畏从陆路穿越丝绸之路，传播的是北印度胎藏界曼荼罗法，金刚智自海路从广州北上，传播的是南印度金刚界曼荼罗法，两位僧人同在玄宗内道场。善无畏和金刚智带来的胎藏界和金刚界两部大法，向中土佛教注入了新血液，奠定了密宗最终成立的经典及僧徒的坚实基础，以陀罗尼咒语"速证佛道"的密宗才正式在中国成立。《三国佛教略史》曰："（开元）八年（720），金刚智三藏率不空三藏至京师，敕居于慈恩寺。智传龙树之密宗，所至筑坛度人，时称善无畏、金刚智、不空为开元三大士。"

燃灯石台
祈福功德的纪念碑

唐（618 — 907）

残高120厘米
出土于陕西省西安市

在西安碑林博物馆，珍藏着一件盛唐时期的燃灯石台，惜残缺不全。这座石台，为八棱形的石柱，根据一般的整体结构来看，石柱属于石台的中间部分，缺失的上部应是灯室，下部应为莲形底座。石柱分为上中下三层，中间为题记部分，上部两两组成一幅完整的图案，分别是胡人吹奏笙、琵琶、横笛、排箫的画面，下部也是两两成组，分别是四幅瑞兽的图案，可能为混合神灵的造型，依次为独角马头鸟身神兽、双羚角狮身神兽、鹦冠飞鸟神禽、独角鹿首披鬃神兽。

石柱题记记载了开元二十九年（741）时一群以内侍苏思勖为主体的皇宫艺人等为了祈福而共同刊刻了此灯台，统计下来共有六十六个人参与了此事，除了汉人之外，疑似其中还有不少胡人，如康宜德、曹伏奴、雍奴子、成丑奴等。唐代武德时内教坊使既由宦官担任，武周如意元年（692）把内教坊改名为云韶府，中宗神龙年间复改为旧称，到了开元十二年（724），玄宗在内教坊之外又设立新的机构取名为云韶府。云韶使是云韶府的主官，负责皇宫内的演奏事宜，题记载苏思勖为云韶使。苏思勖，罗州石城人，官至银青光禄大夫，又迁右监门卫将军，以后因军功累累，拜辅国大将军，又加骠骑大将军，封虢国公。苏思勖是玄宗的亲信宦官，在当时内廷有着重要的影响力。从题记来看，参与的人员还有内教坊、云韶府、宁王府、彰礼门、京总监等几个机构的人员，可以想象的出这些人员应该都是各个音乐机构中有代表性的人员。用石柱刊刻各种主题的题记，一般和各种结社活动有所关系，尤其以佛教徒赞助的占大多数，而像这件燃灯石台有皇家背景的刻石则较为少见，参与的人员中应当属于地位较高的和音乐造诣较高的，如此来看的话，此石不仅仅是祈福的灯台，"奉为开元圣文神武皇帝、皇太子、诸王、文武百僚、幽冥六道，爰及兆庶同获斯福"，更是一座彰显开元盛世的纪念碑。

关于燃灯的习俗，主要在正月十五、八月十五、腊八等特殊节日举行，其来源素有两种不同的流行说法：一是本土习俗的影响，据隋代到北宋之间的史料记载，正月十五燃灯和汉代祀太一有着一定的关系；二是外来文化的影响，据《涅槃经》说佛陀遗体在焚烧之后，天人散华伎乐，收取舍利，然后绕城步步燃灯，灯满十二里地。在法显和玄奘的记载中，印度等

燃灯石台

佛国圣地在举行法会时不仅作乐供养,而且有燃灯放光雨花的习惯。崔液《上元夜六首》:"神灯佛火百轮张,刻像图形七宝装。影里如闻金口说,空中似散玉毫光。"燃灯这种习俗在初唐开始流行,主要还是受到了印度文化影响所形成的。

燃灯石台上部刻有四幅图像,第一幅是一个正在演奏的胡人,头戴高帽,双手持笙,身披帔帛,身着罗马波斯式的紧身衣,盘腿坐在一块圆毯上面。第二幅是一个手持琵琶正在弹奏的胡人,高鼻深目,头上有多层束带,盘腿而坐。第三幅是一个手持横笛的胡人,头发垂下,头顶发髻成圆球状,整个造型呈坐卧态。第四幅是一个穿着拜占庭式衣服的胡人,头戴小扁帽,身若飞天般正在奏乐。这些画面呈现出浓厚的西域风情,这和唐代音乐中有多部乐出自西域诸国是一致的。唐代社会开放,国家呈现出多元化的发展,在音乐上融合中外汲取有益的营养,形成了唐代勇

169

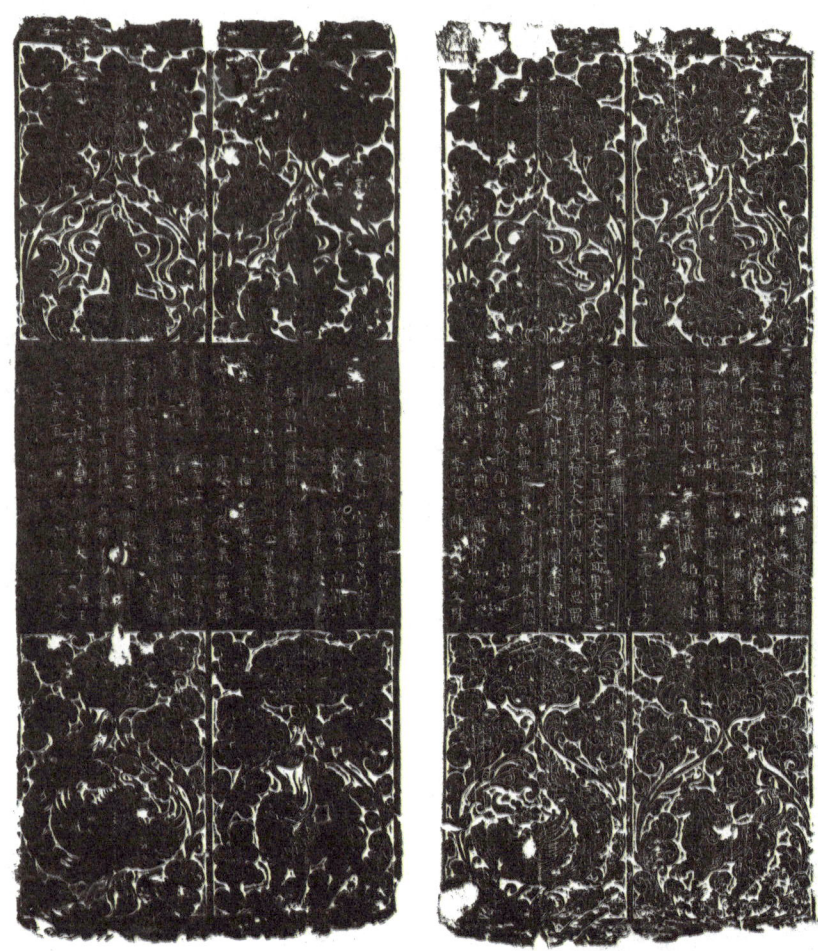

● 燃灯石台拓片

于创新的音乐文化。在美术方面同样如此，尤其是拂菻（lǐn）画样的传入，给中国传统画作带来了新的启发，产生了张萱、周昉等以拂菻画闻名的画家。同时拂菻乐舞也进入了唐代宫廷之中，成为各个阶层和士人的追捧对象，而此件灯台上部的四幅图案也带有浓厚的拂菻色彩。

石台下部的四幅神兽四周都布满了缠枝蔓草，画面流畅，团花锦绣。中间有石榴花、无花果等图案交错，整个构图使用了人物、动物、植物等纹饰互相搭配组合，可以看出这种方法受到了拂菻画样的影响，这和从希腊到西域然后进入中原的其他文化元素有着一致的传播路线，成为唐代文化重要的组成部分，尤其在佛教艺术中表现得更为明显。

  在西安碑林博物馆还有一件唐代石灯，高194厘米，原来有9层，现存有7层，全身雕有各种图案，灯身上面刻有带有龙头的八棱石盘和莲花座，石灯上方是屋顶形的灯盖。一般而言这种石灯多放置在佛寺的殿堂前方，象征着佛教的无穷法力和智慧。这件石灯在雕刻过程中使用了各种方法，看起来玲珑剔透，精美绝伦。燃灯石台和佛教的这种石灯形制有所不同，不过从这件石灯的构造及其使用的仪轨，可以对燃灯石台的内涵有更深入的理解，同时可以加深我们对盛唐文明的感悟和体会。

拂菻

在古罗马帝国之后，其统治的土地上又兴起了一个新的拜占庭帝国，就是我们所讲的拂菻。拂菻从330年君士坦丁一世将君士坦丁堡定都为罗马帝国的新都，一直到1453年奥斯曼土耳其帝国攻破君士坦丁堡，在这长达千年的时间里，拜占庭帝国都是欧洲和地中海世界的中心，其政治、文化、宗教对周边地域产生了巨大的影响。沿着丝绸之路，拜占庭帝国的文明一步步传播到了中原，这在汉唐时期的文化遗存中多有表现，也为我们理解中西文化交流提供了重要的线索。

释迦牟尼降伏外道造像

引人注目的唐代造像

唐（618—907）

高72厘米，宽42厘米
出土于陕西省西安市

  这件造像碑在长方形竖石上高浮雕出释迦牟尼佛立像，螺发，高肉髻，两耳垂肩，面部饱满，头后有桃形背光，背光上雕有火焰纹带，身着袒右肩袈裟，跣足立于莲花座上。莲花座下为一长方形石台，石台正面右侧方镌刻有铭文，楷书，3行，行4字，内容为"释迦牟尼佛降伏外道时"。整个造像纹理流畅，线条圆润。佛像右手上举，手掌向上，其上有圆轮，圆轮内图案为一人像，束发，坐在一双头奔马背托的圆毯上，双手上举，执飞舞的帔帛状飘带。佛像左手下摁，手掌向下，其下有一圆轮，圆轮内为一人像，坐

释迦牟尼降伏外道造像

● 释迦牟尼降伏外道造像（局部）

在一双头天鹅背托的圆毯上，双手上举，执飞舞的帔帛状飘带。

　　佛教所言的外道，一般指的是释迦牟尼在创建佛教的过程中，和印度其他宗教之间发生冲突或争执中的其他教派的宣教者，这在佛教经典中多有记载。佛教所言的外道数量也随着佛典的不断扩充而增加，在较早期的佛教典籍中记载的外道主要有六种，被称为"外道六师"，分别是珊阇耶毗罗胝子、阿耆多翅舍钦婆罗、末伽梨拘舍梨、富兰那迦叶、迦罗鸠驮迦旃延、尼乾陀若提子。随着佛教经典逐渐增多，外道的数量也随之增加，甚至有九十五种之多，不过这些外道的原型，基本都是以印度的婆罗门为主的。

在佛教图像中，外道的形象和释迦降伏外道造像上的完全不同，有时候塑造为裸体的男性形象，有时候塑造为各种别的艺术形象，经常出现在劳度叉斗圣变、报恩经变、涅槃经变等经变中，须摩提女因缘、外道踩佛晒衣石等佛传因缘中，除此之外还有执雀外道、鹿头梵志等形象。

关于此尊造像的性质，一直以来有所争论，有学者根据相关的图像材料，认为降伏外道造像上下两个圆轮中的图案，应该是太阳和月亮的表示，属于佛教图像中的常用元素；有学者则认为降伏外道造像上下圆轮中的图案，应该是祆教神祇中的密斯拉和祖尔万，属于佛教中的外道情况。佛教指日月瑞像的图案中，表示太阳和月亮的图像并没有出现类似降伏外道造像中的情况，而且图像内容和铭文息息相关，铭文甚至具有更关键的作用，此尊造像的性质应为降伏外道，而这里所言的外道指的也应该是祆教中的神祇密斯拉和祖尔万。

祆教属于古波斯琐罗亚斯德教的变体，琐罗亚斯德教因教主名讳而得名，在东传过程中，因为教义中推崇拜日月星辰而被中国人误以为拜天之教，遂被命名为祆教。在唐代之前，亦被称作天神、火神、胡天神等，到了唐代专门用祆教来指称。祆教传入中原，主要是粟特人的作用，不过在中亚的粟特祆教和原始的波斯琐罗亚斯德教已经有所不同，祆教没有佛教、摩尼教那样以义理传教，而是作为一种习俗和信仰影响着一般的人群，可以说祆教就是粟特人的一种民间宗教或信仰，在进入中土后逐渐汇入中原传统的风俗中，在中国化的发展过程中成为了中国民间宗教的一种。

祆教是一种多神宗教，诸多神祇均以人形出现，而他们代表的动物特征则用他们的坐骑来表示，用人像结合不同的坐骑并且一一对应，这是祆教神祇的表达方式，如密斯拉对应的天神是太阳，相关联的动物为马；娜娜女神对应的天神是金星，相关联的动物是狮子；马兹达对应的天神是水星，相关联的动物是大象；祖尔万对应的天神是土星，相关联的动物是鹅。

密斯拉神是光明与公义之神，源于雅利安人的密多罗神。密斯拉是伊朗（波斯）在琐罗亚斯德教兴起之前所崇拜的司掌太阳、正义、契约和战争之神，公元2~3世纪在罗马帝国被通称为密斯拉神。祖尔万神是时间之神，在粟特文书中经常出现，具有最高神地位，并且还加有"伟大的"和"众神之王"的尊号。在阿富汗、中亚粟特地区发现的密斯拉图像，许多都是主神坐在双头马上面，而这与降伏外道造像左上方圆轮内的图案如出一辙，据此来看右下方的主神坐在双头鹅身上，其主神应当是祖尔万神。

在敦煌、于阗发现的指日月瑞像图案与这尊降伏外道造像构图基本一致，不过在瑞像中圆环内的太阳多用金乌表示，月亮多用花草、蟾蜍等暗喻，没有发现用神祇表示日月的情况，而此尊造像圆轮内的祆教神祇的出现，则与其所镌刻的年代和背景具有密切的关系。

唐代前期粟特人的聚居区内，一般都有祆祠存在，当时长安的布政坊、崇化坊、醴泉坊、普宁坊、靖恭坊等均有祆教寺院存在。安禄山是信仰祆教的粟特胡人，在他担任范阳、平卢二节度使之后，祆教势力进一步得到了增长，而宗教势力的此起彼伏，一定会压缩当时佛教势力的影响力，或许有些寺院或僧团就是在这种情况下，借助唐王朝对摩尼教等宗教进行禁断的政治环境下，借用释迦牟尼佛降伏外道的故事，雕镌出此尊降伏外道造像碑，希望用来压制降伏祆教诸神和祆教势力的扩张。

北周史君墓

位于西安市未央区井上村东，2003年6月被发掘。墓主人为史国人，凉州萨保，大象元年（579）薨。发现的石椁是歇山顶式殿堂建筑，由底座、中部墙板和椁顶三大部分组成，石椁墙板四面分别浮雕有四臂守护神、祆神、祭祀、升天、宴饮、出行和狩猎等题材的图案，在人物脸部、服饰和山水树木等部位施有彩绘或贴金，具有明显的西域风格。史君墓石椁、石榻和石门的浮雕内容十分丰富，一方面有祆教文化，另一方面又受中亚、中国佛教文化和汉文化的影响，特别是外文与汉文译文的发现对深入研究粟特人的文字及文化提供了珍贵的实物资料，使人们对流寓中国的粟特人有了更进一步的认识。昭武九姓胡活动于今中亚阿姆、锡尔两河流域，主要信仰祆教，南北朝以后大批徙入中国新疆和内地，通过漫长的丝绸之路频繁往来于中亚与中国之间，对中西文化的沟通、交流起过至关重要的作用。

不空和尚碑
密宗创始人的传奇一生

唐（618—907）

高305厘米，宽99厘米

始立于长安靖善坊大兴善寺内，宋初移至文庙

　　他出生时毫光照烛，去世时精舍池水枯竭，传记里他博贯前佛、修行深厚，一生充满神奇灵异，他能伏泉澄海，制服大鲸、奔兔、狂象，能呼风唤雨，甚至"安史之乱"收复两京、拨乱反正都皆如他所料，算作他的功德。他就是中国佛教密宗创始人之一，是唐玄宗、肃宗、代宗三朝皇帝的灌顶国师，与善无畏、金刚智并称"开元三大士"，列位中国佛教四大译经家的不空和尚。在西安碑林，就树立着书写他传奇一生的《不空和尚碑》。

《不空和尚碑》碑题"唐大兴善寺故大德大辩正广智三藏和尚碑铭并序",又名"唐三藏和尚不空碑""唐不空禅师碑""三藏不空和尚碑"。刻于唐建中二年(781)十一月。唐代严郢撰,徐浩书。螭首龟趺,趺已残,满行48字,楷书。额题"唐大兴善寺大辩正广智三藏国师之碑"16字,4行,行4字,隶书。此碑原立于长安靖善坊大兴善寺内,宋初移至文庙,后即入藏西安碑林。明嘉靖三十四年(1555),陕西关中发生大地震,碑身右上角及中部有断裂痕迹,字有残损,余皆清晰。碑阴有"太华"两字,行楷书,时代不详。

佛教自汉代传入中国,至唐代已划分为多个宗派,由"开元三大士"所传之密宗,是其中重要的一支。所谓的"开元三大士",就是指的善无畏、金刚智和不空。其中,不空和尚弘扬密宗数十年,历唐玄宗、肃宗、代宗三朝,皆为灌顶国师,所受宠遇冠绝今古。此碑即为不空和尚弟子为追叙先师的功绩而建立的,碑文记述了佛教密宗的传承历史,以及不空和尚的生平事迹和师承情况。不空和尚出身北天竺婆罗门族,梵名阿目佉跋折罗,幼年早孤,跟随叔父至东土,十五岁时,师从金刚智三藏,金刚智惊叹于不空的悟性,与受菩萨戒,引入金刚界大曼荼罗。因为不空擅长异国书语,所以金刚智经常让他参与翻译佛经。后来,不空求学新瑜伽五部三密法,可是过了三年,金刚智都没有传授给不空,不空就准备返回天竺,金刚智梦见京城诸寺的佛祖菩萨像都向东行,乃知不空是真正具备修证佛法的根性,于是答应了不空的请求。之后,不空跟随金刚智前往洛阳,开元二十年（732），金刚智卒，不空奉遗旨前往五天并师子国秉受密法。开元二十九年（741）十二月，不空率弟子含光、惠䥽等37人附昆仑舶离开南海至师子国。在诃陵国界遭遇大黑风，众人惶怖恸哭，不空右手执五股菩提心杵，左手持般若佛母经夹，作法诵大随求一遍，立即风偃海澄。不久，又遇到更大的艰难，一头出水的大鲸，喷出的水浪如同大山一般，不空又作法，让弟子持诵娑竭龙王经，顺利逃过一劫。他们历尽艰难到达了师子国，受到国王隆重的礼遇，盛情邀请他们到宫中供养七日，每天用黄金斛盛满香水，国王亲自为不空洗浴，太子后妃辅佐，用对待王的礼节来礼遇他。天宝五年（746），不空和尚带回梵本经百部，以及师子国国王尸罗迷伽的国书、金宝璎珞般若梵夹和方物，奉敕诏入宫内，为唐玄宗灌顶，移居净影寺。其后，唐玄宗令不空祈雨祛旱，不空奏请立孔雀王坛，不到三天，风调雨顺。唐玄宗大悦，

《不空和尚碑》

《不空和尚碑》拓片

自持宝箱赐紫袈裟一副，亲为披攘，赐绢二百匹。又有一次，狂风大作，玄宗下诏让不空禳止，不空请银瓶一枚并作法加持，须臾之间风平浪静。后来银瓶被池鹅误触而倾斜，风暴更加猛烈，玄宗敕令不空再次施法，又立竿见影。于是，玄宗赐号"智藏"。天宝八年（749），玄宗特许不空返国，刚到南海郡，玄宗又敕令再留十二年，从节度使哥舒翰所请，令赴河陇。天宝十三年（754），不空被诏还京师，在大兴善寺内弘扬佛法。

至德初，唐肃宗在灵武、凤翔时，不空经常密奉表起居，肃宗也密遣使者求法，收复京师皆如不空事先预料，因此颇受恩遇。乾元年间，唐肃宗请不空入宫，为肃宗转轮王位七宝灌顶。唐代宗即位，恩渥弥厚，永泰元年（765）十一月一日，诏特进试鸿胪卿，加号"大广智三藏"，大历三年（768），入宫为代宗灌顶。大历五年（770），不空奉诏往五台山修功德返京时，代宗以狮子骢并御鞍辔遣中使出城迎接，并赐沿道供帐，受此厚礼殊荣。大历九年（774），加开府仪同三司，封肃国公。六月卒，享年七十岁，僧腊五十，敕赠司空，追谥"大辩正广正智三藏"，九月以舍利起塔于密宗祖庭大兴善寺内。不空和尚一生致力于在中土翻译佛经、传播密宗，共译经120余卷，77部。尤其是他翻译的《金刚顶经》，是后世密宗修习的主要经典，他被列位于中国佛教四大译经家。不空和尚的弟子众多，著名者有青龙寺高僧惠果，他是密宗的又一位大师，在青龙寺东塔院设立灌顶道场，广度僧俗，中外闻名，弟子遍及海内外。日本僧空海就是他的弟子之一，空海东归后，在日本创立了真言宗，被称为东密。

此碑撰者严郢，字叔敖，华州华阴人，天宝初进士，起家太常协律郎，代宗初为监察御史，累拜河南尹。大历末任京兆尹，为官颇有政声，严明守法，然而因为得罪了宰相杨炎，屡被陷构，贬为大理卿。卢杞任宰相后，升严郢为御史大夫，利用他诬陷河中观察使赵惠伯，打击杨炎一派，后又忌惮严郢的才干，贬之为费州刺史。严郢得知赵惠伯死于狱中，第二年便郁郁而终。《不空和尚碑》撰于他去世前一年，时为御史大夫。

书者徐浩，字季海，越州人（东海郯人）。其父徐峤，官至洛州刺史，书法家。徐浩"少举明经，工草隶"，书法颇得其父所传，又书宗"二王"。他历玄宗、肃宗、代宗、德宗四朝，累官至工部侍郎、岭南节度观察使、吏部侍郎、集贤殿学士，建中三年（782）卒，赠太子少师。徐浩书写此碑时已七十九岁，属于晚年的杰作。用笔方面，点画圆劲厚重，笔势力雄气沉；结字方面，结体稳健，于大处见新构，不涉小巧，骨壮气豪；书体厚重肥圆。含蓄温润，章法疏朗，气度空灵。徐浩的书法成就，世人评价褒贬不一。他历四代帝王，以文辞书翰得以重用，《大观录》评价"若青云之高，无梯可上；幽谷之深，无径可寻。开元以来无与比者。"宋人学习书法常以徐浩书法为宗。徐浩处在唐王朝由极盛转衰落之际，他的书法厚重肥圆，呈现出一种温柔敦厚的升平气象。

梵汉合文陀罗尼经幢

灭罪度亡的祈愿

唐（618—907）

残高144厘米
出土于陕西省西安市

在西安碑林博物馆的藏品中，有一件文物十分引人注目，那就是梵汉合文陀罗尼经幢。这件经幢呈八棱柱形，翻莲花座，顶部缺失，幢身八面均刻文字，共40行。幢文用古尼泊尔文与汉文各一行合刻而成，故把此经幢称为中尼合文经幢。幢文多数文字已经磨泐不清，不可辨识，镌刻时间也无法确认，但经幢经文的译者还可以辨识，题记文字为"特进鸿胪开府仪同三司赠肃国公食邑三千户谥大辩正广智三藏□□□空奉诏译"。

经幢是唐代出现的一种在多面体上面镌刻经文的宗教石刻，有八棱、六棱、四棱形等形状，其上所刻写经文内容多数为《佛顶尊胜陀罗尼经》。

后来道教也模仿佛教的做法，把道教经典刊刻于经幢上，形成了独特的道教经幢。在发现的经幢中，以八棱形最为常见，另外还有做成多面棱形、圆形、碑形和长方形的经幢，不过数量极其少见。经幢刚形成时，形制比较简单，一般都是单层，高度多在3米以下；到了中唐以后逐渐变得复杂起来，经幢出现了多层形制，装饰纹饰也更加繁复，高度有达到4~5米的；五代以后形制更加高大，到了宋代甚至有超过十米的经幢出现。

经幢由幢顶、幢身、幢座三部分组成，碑林的中尼合文经幢只留下了幢身，从其高度推断，其完整的话在4米左右，刊刻内容为汉文和尼泊尔文陀罗尼经文，同时还留下来经文所依据的译本译者情况。陀罗尼经，主要讲述了善住天子因寿将尽，获悉将入地狱并受诸恶道轮回之苦，求助于天帝，天帝向如来求问解脱法，如来为之宣讲陀罗尼之广大威力、咒语内容及供养方法，善住天子依持而得大解脱。在《佛顶尊胜陀罗尼经》中，提出了"安高幢上"的供养方法，唐代人们在此基础上结合了中原本土的石刻传统，塑造出了"石幢"这种既可以刻写经文，又可以寓意窣堵波的塔之特例。经幢属于佛塔的一种变体，在其上多刻写《佛顶尊胜陀罗尼经》，既可以达到消除罪业的便利，免除轮回诸恶道的痛苦得到超生极往的乐土，这也是经幢自出现后就很快得到广泛流传的原因所在。

《佛顶尊胜陀罗尼经》在唐代传入中土后，得到了统治阶层的认可和赞助，当时皇帝甚至多次下诏翻译该经，所以此经汉文本中多次可见"奉制译""奉诏译"的情况。唐代宗还特地颁布诏令,命僧尼诵读此经,可见其影响之深远。《佛顶尊胜陀罗尼经》篇幅不长,内容主要由两部分组成,前面说的是释迦牟尼述说佛顶尊胜陀罗尼的原因,乃是意译部分;后面讲的是尊胜陀罗尼,乃是音译部分。关于此经的译本,主要有如下几种:杜行顗译《佛顶尊胜陀罗尼经》、地婆诃罗译《佛顶最胜陀罗尼经》、佛陀波利译《佛顶尊胜陀罗尼经》、义净译《佛顶尊胜陀罗尼经》、善无畏译《尊胜佛顶修瑜伽法仪轨》、不空译《佛顶尊胜陀罗尼念诵仪轨》、若那译《佛顶尊胜陀罗尼别法》等。一经多译的诸译本在后世传播中最流行者,或以时间为先,或翻译为优,在以上诸多译本中,以佛陀波利的译本最为流行,唐代经幢上所刊刻的也多是此本。由于梵文经书难以用汉文完全翻译而成,所以僧众为了追求更完善的汉译本,对于

梵汉合文陀罗尼经幢

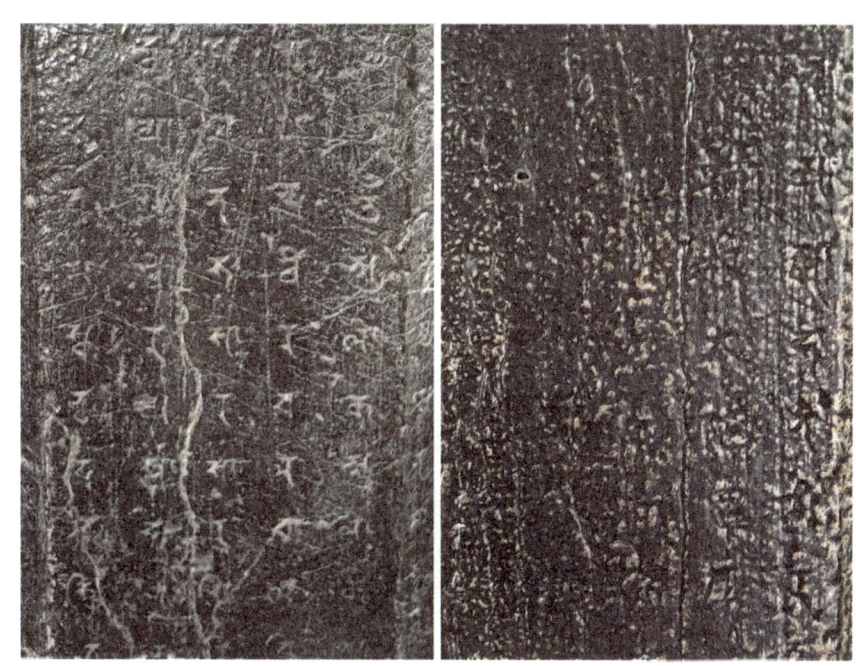

● 梵汉合文陀罗尼经幢（局部）

经书一译再译。

中尼合文经幢没有使用当时流行的佛陀波利的译本，而是采用了不空的译本。不空（705—774），北天竺人，师事金刚智，曾到天竺及师子国求密藏。天宝五年（746）入唐，居长安大兴善寺，主持译经事宜，先后译出密宗经典77部。在玄宗到代宗年间，不空和尚皆为灌顶国师，对于后来的密宗影响巨大。代宗即位后，于永泰元年（765）十一月，制授不空特进试鸿胪卿，加号"大广智三藏"。大历九年（774）不空和尚卒，享年七十，赠开府仪同三司、司空，赐爵肃国公。不空的赠官情况和中尼合文经幢题记相合，至此可知此经幢当刊刻于大历九年（774）或稍晚不久。

　　在这件经幢中使用了汉文和古尼泊尔文双语刻经，这在同类的经幢中是比较特殊的。据相关记载，中土首先去尼泊尔的高僧是法显，而从尼泊尔来中原的高僧是佛陀跋陀罗（汉名觉贤）。佛陀跋陀罗来到汉地后，先后到达长安和金陵，后来带领宝云、慧义等人翻译梵文经典，使金陵一度成为长江以南最大的译场。古代藏、尼的文化交流以7世纪至8世纪最为繁盛，随着班尼巴至固帝山口的商路开通，二者间的贸易进一步增强，人员往来亦逐渐增多。中原和尼泊尔交流最重要的阶段属于玄奘访问尼泊尔的佛教圣地和656年王玄策出使到达加德满都谷地这个时期，之后中国僧人到尼泊尔的数量不少，相信尼泊尔僧人来到汉地的也有很多。

　　唐代经幢中有的在汉文《尊胜陀罗尼经》之外，还兼刻梵文的陀罗尼，有学者认为这和当时人们对汉译经典的准确性有所怀疑有关，故加刻梵文经文以示郑重其事。还有的学者以为陀罗尼是要求回归梵音的，只有回归原典才可以保证陀罗尼完整而又神秘的法力，所以在汉文之外还要刊刻最善本的梵文本。但是这件经幢用的是汉文和古尼泊尔文刊刻陀罗尼，这在所有已经发现的经幢中是十分罕见的，其原因到底是什么，这都是千年以来的谜团，不为后人所知晓，而正是这些未解之谜，才吸引着我们重新去寻找文物背后所隐藏的故事和缘由。

十一面观音像
观音菩萨的微笑

唐（618—907）

残高25.5厘米
1983年出土于陕西省西安市

在西安碑林博物馆收藏有一尊汉白玉质地的十一面观音头像，这件头像是1983年出土于西安西郊空军通信学校的基础建设当中，菩萨像其他部件已经无存不知所踪。在这所学校先后两次出土有佛教遗物，第一次在1978年，在基建时发现了14件精美的佛头像和菩萨头像；1983年时，在相距第一次出土菩萨像的地方约20米处，再次发现了一个佛教窖藏，清理出佛头像和菩萨头像共31件，还有一方北魏时期的造像碑。

● 十一面观音像

乐善尼寺兴建于隋开皇六年（586），是尉迟迥孙太师为其祖所立，原名舍卫寺。唐中宗景龙元年（707）改名温国寺，后又改名乐善寺。第二次出土的佛造像、菩萨头像造型较为完整，多数高度在 30 厘米左右，从唐长安的里坊分布来看，一般均认为这些佛教造像属于当年金城坊乐善寺的遗物，对于了解乐善寺的情况具有重要的价值。这批出土造像造型精美，且大多保存完好。大致可分三类：一为北朝至隋的菩萨头像，多戴有厚重华美的花冠，面容丰腴，长耳隆鼻，眉清目秀，微含笑意，庄严华贵；二为北周至隋唐时期的佛头像，丰颐秀目，静谧安详，螺髻或水波纹发髻低平，面向敦厚；三为唐代菩萨头像，以宝缯束发，饰宝相花，发髻多为宝珠式或双环式。

本文所讲的这尊十一面观音头像，在这批出土造像中是比较特殊的，在风格上具有典型的盛唐色彩，面部丰腴饱满，弯眉细目，神态平和，头发做高髻状，发丝细微分明，头冠正中为化佛图案，左右两边均匀分布着六个小观音头像，大小观音头像如出一辙，上下呼应，独具美感。

十一面观音像在佛教供养中具有十分重要的意义，《佛说十一面观世音神咒经》记载了十种现世果报，分别是身常无病、恒为十方诸佛忆念、一切财物衣服饮食自然充足恒无乏少、能破一切怨敌、能使一切众生皆生慈心、一切蛊毒热病无能侵害、一切刀杖不能为害、一切水难不能漂溺、一切火难不能焚烧、不受一切横死。十一面观音和千手观音是不同的概念，在诸多佛经中的论述来看，十一面观音可能是一种密宗思想的产物，往往表现在手臂、头面的数量和不同的姿态上。

根据十一面观音像的头部特征，有专家将其分为两大类：一类是十一面横向排列，另一类是纵向排列。横向式指的是菩萨头冠上的观音像呈平面分布，看起来仿佛是一种花冠的装饰物，十一面观音有的有主次之别，有的没有主次差异。纵向式指的是十一面观音以渐变的形式从下至上排列，多的时候达到了五层，看起来好像塔柱状，高高耸起。这尊十一面菩萨头像即属于横向排列的一类，这类造像形式最早大约在北魏时出现在中原地区，从目前发现的情况来看以唐代居多。横向式十一面观音像基本为汉地和日本雕刻，纵向式十一面观音像最早出现在印度，后来主要是西藏雕刻为主流，这两种类型在发展过程中有所交织，出现的时间也大致相同，构成了十一面观音像的两种传播途径。

北周耶舍崛多译《佛说十一面观世音神咒经》对观音十一面样式有所记载："须用白旃檀作观世音像，其木要须精实不得枯箧，身长一尺三寸作十一头。其十一面各戴花冠，其花冠中各有阿弥陀佛。观世音左手把净瓶，瓶口出莲花。展其右手以串璎珞施无畏手。"此经虽然在北周已经译出，但图像粉本似乎并没有和经籍一起传入，汉地的十一面观音像到了唐代才开始出现，在则天武后、玄宗时期和五代时期广为流行，其头像形式可能吸收了印度纵向式的一些特点，加以改造成了横向式，从而使得十一面观音像看起来更加优美，减少了密宗造像的怪异之感，可以说横向式乃是纵向式十一面观音像的变体改造而成，不过更符合中原民众的审美观念，并进一步传播到东亚各地。

这尊十一面观音头像，艺术风格和七宝台的形式十分接近，其镌刻时代约为同时或相近时期。初唐时期十一面观音像作为独立的礼拜像已经被广泛供养，武后信奉十一面观音，曾命人在大明宫内设道场祈福，如垂拱二年（686）时，武后为高宗祈福，在大明宫敬造了十一面观音绣像。万岁通天二年（697），武后命人征讨契丹，诏请法藏为国行道，于是法藏建立了十一面观音道场。数日后，契丹军看到唐军阵营有无数天兵天将相助，甚至还有观音在空中呈现，于是不战而逃。武后大喜，还改年号为"神功"，据此似乎说明十一面观音有击退敌军的神奇法力。

长安光宅寺七宝台是则天武后时期一所重要的佛教遗存，在七宝台的佛教造像中，出现了许多十一面观音像，从这些观音造像的头像来看，和西安碑林博物馆收藏的这尊头像在形式上十分接近，故此可对这尊头像已经遗失的部分进行推测和复原。同时，我们仿佛在这尊十一面观音像的目光中，透过历史的长河，去探寻一代女皇昔日的荣光，感受光宅寺中肃穆的袅袅禅音。

天王像
一路东行的神祇

唐（618 — 907）

高110厘米，宽91厘米
出土于陕西省西安市

    在长安地区的佛教造型艺术中，天王像是其中非常重要的一种，西安碑林博物馆收藏的这尊白石天王像，头部和左臂虽然残缺不全，但整体造像阳刚有力，富于动感。该尊天王像身躯呈 S 形，踩踏于石座之上，右腿直立，左腿外移，身着明光铠，胸前左右两片圆形护心镜上雕刻有莲花图案，背甲和胸甲用绸带系连，腰间系有腰带，腰带下垂有膝裙，披帛从腹前垂下呈 U 形，看起来威风十足，神采非凡。

佛教中须弥山上有四方守护神，在梵文里分别为东方提头赖吒、南方毗楼勒叉、西方毗楼婆叉、北方毗沙门，这四个守护神在汉译佛经中皆被称为天王。在南北朝时期，四天王的译名还有点混乱，直到唐代才基本稳定下来，释义净将四天王分别译作东方持国天王、西方广目天王、南方增长天王、北方多闻天王，同时义净对北方天王也称作毗沙门天王，把他既作为四天王之一，又作为财富的象征。在佛教艺术中，佛陀的守卫者一般被塑造为天王像和力士像，二者既有区别也有联系，从佛教典籍的记载来看，天王像的地位更重要一些。

在佛教欲界中有六天，一曰四大王天，二曰忉利天，三曰夜摩天，四曰兜率天，五曰化乐天，六曰他化自在天，其中第一天就是四大王天。在《经律异相》和《法苑珠林》中均有对诸天的解释，佛教雕像中的天王像，就是从以上诸经中而来的。根据目前所发现的各个时期的材料来看，天王造像的基本造型在初唐稳定下来，而形成定式约在高宗则天武后时期。

天王像在唐前的主要类型有单独出现的穿铠甲的护法武士形象、并列出现的手持兵器的天王像、北周到隋代出现的门神类型的天王像等，隋代时天王像增加了神异形式，或脚踩夜叉，或脚踩小鬼，或带双翼冠等。天王像是从西方艺术形象发展而来的，在一路东传的过程中，逐渐受到中原本土艺术造型的影响，最终形成了具有中土色彩的天王像造型。一般来讲，天王造像先从中亚传入于阗形成西域风格，再从于阗传播到敦煌形成更加中土化的模式，然后进一步传入中原完成中土化的过程，形成了具有中国本土风格的天王像模式，其中两宗最主要的天王形式是戎装天王像和二天王组合。

天王像在发展变化过程中，先后受到了古印度、犍陀罗、西亚，以及更远方的希腊艺术的影响。在印度艺术中，石窟中的守护神多持有三叉戟和脚踩夜叉，夜叉最早表现为裸体的男女形象，在其脚下匍匐着一个小矮人，等这种造型传入中国后，夜叉进一步塑造成半蹲在地的矮壮而有力的男性形象，后来更多的出现在天王的脚下，用以衬托天王的威武雄壮。奉钵四天王图像是犍陀罗艺术中的常见形象，释迦牟尼坐在中央，四天王奉钵立在两边，这种造型在印度石窟和巴基斯坦寺院遗址中多有发现，在中国境内的克孜尔石窟、云冈石窟、炳灵寺石窟的天王造像也延续了这种风格。在北魏时期天王像中有头戴双鸟翼帽的形式，这种造型应该与伊朗文化和祆教有所关联，可能源自波斯萨珊，通过当时在丝路上流通的萨珊银币来到了中原，最典型的例证出现在隋代的虞弘墓和石窟寺中。

另外，对于天王像的一些形象来源，甚至可以追溯到古希腊罗马的艺术风格，尤其是大力神赫拉克勒斯的影响巨大。在希腊神话中，赫拉克勒斯力大无穷，曾经降服了巨狮，将狮头制成了头盔，后来在希腊的艺术形象中经常有大力神手持大木棒与狮子搏斗的场面。随着亚历山大大帝的东征和罗马帝国在地中海的扩张，罗马人继承了希腊的艺术传统，并把它带到了中亚和中亚以东等地，既而被佛教的艺术形象所借用，而大力神的形象除了作为世俗王权的守卫者之外，也成为了佛陀的守护神。佛教随着犍陀罗艺术的一路东行，大力神的大木棒逐渐变成了降魔杵，狮头盔逐步成

天王像
唐（618–907）
本館舊藏

Dvārapāla Sculpture
Tang Dynasty (618–907)
Old Collection of the N'an Berlin Museum

为了虎头盔，不过这种基本造型还是得以保存，从中亚到东方随着地域的延伸，大力神的形象也随着发展变化。大力神的形象越往东，丢失、增添和改变的元素就越多，在犍陀罗地区时大木棒变成了金刚杵，由西域进入河西地区时不再以裸体出现，而加以璎珞等略加掩饰，面孔也越来越东方化，不过他的卫士者角色依旧没有变化，且地位似乎越来越低，甚至充当了凡人的护卫者。

古希腊神话人物——赫拉克勒斯

大力神赫拉克勒斯，是古希腊神话中最伟大的英雄。他是主神宙斯与阿尔克墨涅之子，因其出身而受到宙斯的妻子赫拉的憎恶。他神勇无比、力大无穷，后来他完成了12项被誉为"不可能完成"的任务，除此之外他还解救了被缚的普罗米修斯，隐藏身份参加了伊阿宋的英雄冒险队并协助他取得金羊毛。赫拉克勒斯英明一世，却最终遭第二任妻子误会，并在他的衣服上涂了毒，难耐痛苦而自焚身亡，死后升入奥林匹斯圣山，成为大力神。他惩恶扬善，敢于斗争。在如今的西方世界，赫拉克勒斯一词已经成为了大力士和壮汉的同义词。当时的希腊丛林密布，沼泽遍野，到处是凶恶的猛狮、公猪以及其他作恶的野兽。因此，清除这些孽障，把希腊从这些危害人的野兽中解放出来，乃是古代英雄们的伟大目标之一。赫拉克勒斯注定面临这一艰巨的任务。当时，在基太隆山脚下，国王安菲特律翁的牧场有一头可怕的狮子为非作歹时，狮子凶悍无比，人间的武器根本不能伤害它。有人说，狮子本是巨人堤丰和半人半蛇的女怪厄喀德那所生的儿子，还有人说，它是从月亮上掉到地上来的。当听说到这些传言后，赫拉克勒斯出发去捕杀狮子，最终杀死了它，并且把狮皮剥了下来。后来，他用这张奇异的狮皮缝制了一件盔甲，还做了一顶新头盔。